ATELIER ALASKA
Jessica Phung

FLICKEN ÄNDERN ANPASSEN

Bassermann

INHALT

EINLEITUNG 4

GRUNDLAGEN: MIT DEM NÄHEN BEGINNEN UND DIE RICHTIGEN TRICKS KENNEN 7

1. Die Wahl der richtigen Nähmaschine 8
2. Eine Nähmaschine vor dem Kauf testen 10
3. Eine gebrauchte Nähmaschine kaufen 11
4. Die Nähmaschine vorbereiten 12
   - Den Oberfaden richtig einfädeln 12
   - Die Fadenführung am Fadenspannungsregler 12
   - Die Fadenführung nahe an der Nadel 13
   - Die Unterfadenführung 13
   - Die Nähmaschine mit Stoffresten testen 13
5. Worauf grundsätzlich geachtet werden sollte 14
   - Die richtige Position der Fäden 14
   - Den Stoff richtig entfernen 14
   - Wenn sich der Stoff an der Nadel staut 14
   - Wenn die Nadel feststeckt 15
   - Die Oberfadenspannung regulieren 15
   - Die Unterfadenspannung regulieren 15
6. Unentbehrliche Hilfsmittel 16
   - ... zum Schneiden 16
   - ... zum Anzeichnen 16
   - ... zum Messen 17
   - Nähzubehör 17
   - Was sonst noch nützlich ist 18
7. Grundbegriffe des Nähens 19
   - Was ist eine Nahtzugabe? 19
   - Was ist der Fadenlauf? 19
   - Nähte richtig beginnen und beenden 21
   - Der Geradstich 21
     - Zwei Stofflagen zusammennähen 21
     - Zwei Stofflagen heften 23
     - Die Steppnaht 24
   - Nahtzugabe – erste Variante 25
   - Nahtzugabe – zweite Variante 25
   - Schnittkanten versäubern 25
   - Die französische Naht 27
   - Die geschlossene Kappnaht 28
   - Der Saum 29
     - Einen einfachen Saum mit der Nähmaschine nähen 29
     - Einen doppelten Saum mit der Nähmaschine nähen 30
     - Einen doppelten Saum von Hand annähen 31
   - Die unsichtbare Naht 32

FLICKEN: ICH LERNE NÄHEN BEIM REPARIEREN UND ÄNDERN **35**

Nähte richtig auftrennen 36

Offene Nähte wieder schließen 38

Einen doppelten Saum nähen, um Kleidung zu kürzen 40

Einen Saum mit Schrägband nähen, um Kleidung zu kürzen 42

Einen Umschlag nähen, um Kleidung zu verlängern 45

Die Nahtzugabe nutzen, um Kleidung weiter zu machen 49

Eine kurze Hose weiter machen mit rechteckigen Stoffstücken 50

Eine kurze Hose weiter machen mit einem v-förmigen Stoffstück 52

Einen Hosenbund enger machen mit Tunnelzug und Gummiband 54

Einen neuen Reißverschluss verdeckt einnähen 57

Ein Loch stopfen in Strickstoff 60

Knöpfe annähen mit Löchern und Ösen 62

- Einen 4-Loch-Knopf mit parallelen Stichen annähen 62
- Einen 4-Loch-Knopf mit Stichen über Kreuz annähen 64
- Einen Knopf mit Öse annähen 64

Eingriffstaschen einnähen verdeckt in der Seitennaht 66

Einen Schnitt kopieren und ein Kleidungsstück nachnähen 70

Blickdichte Kleidung durch das Einnähen eines Futters 76

- Das Wichtigste zum Thema Futterstoff 76
- Eine Anmerkung zur richtigen Weite 76
- Einen ausgestellten Rock füttern 76
- Einen geraden oder engen Rock füttern 80
- Ein Top, eine Tunika oder ein Kleid füttern 81

Ovale Flickstücke ruckzuck aufnähen 82

Risse reparieren mit rechteckigen Flickstücken 84

Das T-Shirt als Unikat: eine Brusttasche aufsetzen 87

Ein Kleidungsstück passend machen mit der Smok-Technik 89

Einen Spitzenkragen perfekt applizieren 90

Abkürzungen 95

EINLEITUNG

HABEN SIE LUST, NÄHEN ZU LERNEN, WISSEN ABER NICHT, WIE SIE DAS ANGEHEN SOLLEN? SIND SIE UNSICHER BEI DER AUSWAHL GEEIGNETER STOFFE? UND SIE HÄTTEN GERNE EINE NÄHMASCHINE, WISSEN ABER NICHT RECHT, WELCHE FÜR SIE PASSEND IST?

Ich heiße Alaska, ich bin Modedesignerin und Modellschneiderin. In diesem Buch werde ich Ihnen die Grundlagen des Nähens vermitteln, und zwar Schritt für Schritt mit anschaulichen Bildern und Beschreibungstexten. Das Nähen ist meine Leidenschaft, und ich teile auf meinem Blog „Atelier Alaska" (https://atelier.alaska-dream.com; französisch) regelmäßig Beiträge rund um dieses Thema. Auf YouTube gibt's außerdem Videotutorials zum Nähen (https://www.youtube.com/@AtelierAlaska; französisch).

Meine Freundin Jessica Phung und ich teilen das Interesse an allen Arten von Handarbeit, und sie war es, die mich für dieses tolle Buchprojekt begeisterte. Sie betreibt die Website Fair For Us (www.fairforus.com; französisch, englisch, spanisch), einen Onlineshop für Fair-Trade-Produkte. Mit Jessica habe ich die dort angebotenen „Nähboxen" entwickelt, die für Anfänger und für Fortgeschrittene gleichermaßen geeignet sind. Sie enthalten Nähanleitungen und alles, was für ein Nähprojekt gebraucht wird. Die gemeinsame Arbeit an diesem Buch hat uns sehr viel Spaß gemacht! Ich wünsche mir, dass das, was hier begonnen wurde, fortgeführt wird und dass einige der auf diesen Seiten gezeigten Kreationen mit einem Like oder mit dem Hashtag #AtelierAlaska unterstützt wird.

Aber jetzt lassen Sie uns über Upcycling sprechen: Das Ausbessern von Kleidungsstücken ermöglicht es Ihnen, sich mit dem Nähen vertraut zu machen. Sie lernen dabei neben Grundbegriffen des Nähens die verschiedenen Stiche und ihre praktische Anwendung kennen. Ich zeige Ihnen, wie Sie diese von Hand oder mit der Maschine ausführen können. Ja, zum Nähen braucht man nicht immer eine Nähmaschine! Manchmal reichen Nadel und Faden vollkommen aus. Das Nähen von Hand mit den gebräuchlichsten Stichen ist die perfekte Lösung, wenn man etwas ausbessern will, aber keine Nähmaschine besitzt. Wenn eine Naht an einem Kleidungsstück reißt, bin ich froh, wenn ich in meiner Handtasche ein winziges Etui mit dem Nötigsten dabeihabe: eine Nadel, etwas schwarzes und weißes Nähgarn und eine kleine Schere.

Sie wissen noch nicht, welche Nähmaschine Sie kaufen sollen, und auch der Preis schreckt Sie ab? Dann empfehle ich Ihnen, mit der Hand zu nähen bis Sie die für Sie perfekte Maschine gefunden haben – mit etwas Glück sogar als Sonderangebot. Auf den folgenden Seiten erfahren Sie, wie Sie eine Nähmaschine vor dem Kauf am besten testen. Anschließend beschreibe ich die richtige Bedienung und Pflege.

Machen Sie sich anhand der Nähprojekte schrittweise mit den verschiedenen Nähtechniken vertraut. Übt man an alten Kleidungsstücken, kommt man leichter darüber hinweg, wenn etwas nicht geklappt hat. Fehler passieren, und wenn wir aus ihnen lernen, führen sie letztendlich sogar zu besseren Ergebnissen. Beim Upcycling werden Sie Fortschritte beim Nähen machen, ohne dabei viel Geld für Material auszugeben – die Nähmaschine einmal ausgenommen. Es wird Ihnen immer mehr Freude bereiten, Ihre Kleidung individuell zu gestalten.

Es gibt sehr viele verschiedene Stoffe. Wenn Sie einen neu gekauft haben, halten Sie seine Eigenschaften am besten schriftlich fest. Kleben Sie dazu einen kleinen Stoffrest in ein Notizbuch, und notieren Sie die Marke und die Herstellerhinweise. Bevorzugen Sie bei der Stoffauswahl natürliche Materialien, Fasern mit Gütesiegeln, wie Öko-Tex, Eco Label oder GOTS, am besten aus biologischem Anbau, und Fair-Trade-Produkte.

Möchten Sie ein Lieblingsstück aus Ihrem Kleiderschrank kopieren? Kein Problem, ich zeige Ihnen die nötigen Schritte! Wer sorgfältig arbeitet und sich konzentriert, wird ein Resultat erhalten, das Maßstäbe für zukünftige Kleidungskäufe setzt. Sie werden von nun an sicherlich mehr auf Qualität, Verarbeitung und Stoffarten achten. Ich möchte Sie jedoch warnen: Nähen macht süchtig. Wer weiß, vielleicht macht Ihnen am Ende das Nähen von Kleidung und Accessoires sogar mehr Spaß als das Shoppen!

Jessica und ich wünschen Ihnen viel Spaß beim Lesen dieses Buchs und vor allem bei der Umsetzung Ihrer Nähprojekte!

GRUNDLAGEN

Mit dem Nähen beginnen

UND DIE RICHTIGEN TRICKS KENNEN

Für einen guten Start beim Nähen:
Ich lerne, mein Geld sinnvoll auszugeben, und verinnerliche die Grundlagen – ganz ohne Druck.

1

DIE WAHL DER RICHTIGEN NÄHMASCHINE

Die ideale Maschine ist eindeutig die Industriemaschine, die in einen Tisch eingebaut ist. Mit ihr kann man alles nähen! Sie verfügt über einen starken Motor. Daher kann man mit ihr dicke Stoffe und mehrere Stofflagen steppen. Sie ist teuer und eher etwas für Profis.

Für zu Hause gibt es Flachbettnähmaschinen, die entweder mechanisch oder elektronisch gesteuert werden. Von beiden Varianten gibt es Modelle in unterschiedlicher Qualität.

Eine mechanisch gesteuerte Maschine kostet weniger als eine elektronische, und je besser die Ausstattung, desto höher der Preis. Ausstattungsmerkmale sind:

- ein robuster und starker Motor,
- Zierstiche,
- verschiedene Nähfüße,
- ein spezieller Nähfuß für Knopflöcher,
- die Möglichkeit zur Wahl der Nadelposition,
- Zubehör, zum Beispiel ein Satz besonders hochwertiger Nadeln.

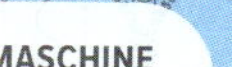

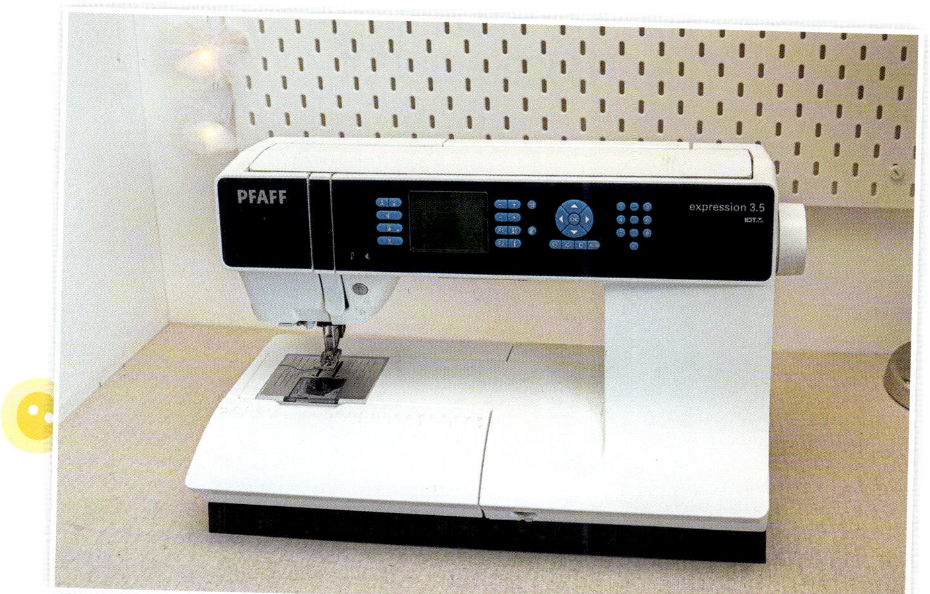

Je schwerer die Maschine ist, desto stabiler ist sie und desto weniger wird sie sich verstellen. In der Regel bestehen gute Maschinen zu einem Teil aus Gusseisen. Das ideale Gewicht liegt zwischen 7 und 10 kg.

Die elektronische Maschine ermöglicht einen gleichmäßigen Stich, ohne dass die Fadenspannung ständig nachreguliert werden muss. Sie verfügt über alle Funktionen, die ich für die mechanischen Maschinen genannt habe, und noch viele weiter, beispielsweise:

- andere Ziersticke, darunter manchmal das Alphabet, das mit einem Geradstich ausgeführt wird,
- eine niedrige Nadelposition, die nützlich ist, um gleichmäßige Nähte zu erzielen,
- den Riegelautomaten, der den Riegel auf einem Punkt ausführt,
- den automatischen Fadenabschneider, der am Ende einer Naht sehr praktisch ist,
- das vollautomatische Knopfloch.

Diese Art von Maschine ist daher teurer, ermöglicht aber ein schönes Finish.

Es ist wichtig, die Nähmaschinen für den Privatgebrauch zu pflegen, da sie etwas weniger widerstandsfähig sind als Industriemaschinen. Machen Sie sich mit den Grundbegriffen des Umgangs mit der Nähmaschine vertraut, auch um zu verhindern, dass Voreinstellungen verloren gehen.

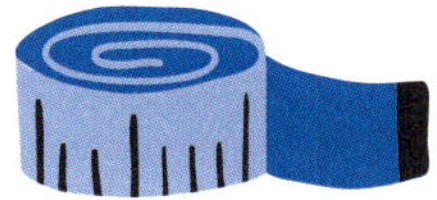

2

EINE NÄHMASCHINE VOR DEM KAUF TESTEN

Sind Sie dabei, eine Nähmaschine zu kaufen?
Oder Sie würden gerne die Nähmaschine Ihrer Großmutter übernehmen?

Mein erster Rat ist, diese zu testen. Ob gebraucht oder neu: Es ist vor allem wichtig, dass die Maschine dicke Stoffe gut einzieht. Nehmen Sie an dem Tag, an dem Sie eine solche Maschine kaufen möchten, eine alte, dicke Jeans mit.

Als ersten Test sollten Sie zwei Stoffe mit dem Geradstich zusammennähen. Dies ist der klassische Stich, der beim Nähen am häufigsten verwendet wird.

Kontrollieren Sie einfach, ob die Stiche auf der rechten und linken Seite des Stoffes gleichmäßig sind. Wenn die Stiche ungleichmäßig sind, ist die Maschine wahrscheinlich verstellt. Ersetzen Sie versuchsweise die Nadel. Wenn die Naht dadurch nicht schöner wird, setzen Sie Ihre Suche fort!

Wenn Sie jede Art von Näharbeit machen möchten – unabhängig davon, ob es sich um eine neue oder gebrauchte Maschine handelt –, sollten Sie außerdem überprüfen, ob die folgenden Sticharten verfügbar sind:

- der Zickzackstich zum Versäubern von Stoffkanten
- der Stretchstich zum Nähen von elastischen Stoffen
- der Bourdonstich, der sehr wichtig ist, um schöne Knopflöcher zu nähen

3

EINE GEBRAUCHTE NÄHMASCHINE KAUFEN

Wenn Sie eine gebrauchte Maschine erwerben wollen, sollten Sie unbedingt prüfen,

- ob der Geradstich eine schöne Naht ergibt,
- ob die Naht schön ist, wenn die Oberfadenspannung zwischen 4 und 5 eingestellt ist (damit Sie die Spannung für bestimmte Stoffe verringern und erhöhen können),
- ob sich die Spule aufrollt, sobald die Funktion aktiviert wird,
- ob der Zickzackstich richtig ausgeführt wird,
- ob der Knopf zum Ausführen von Riegeln funktioniert.

Wenn die Maschine sauber ist und kaum Kratzer hat, ist das eher beruhigend: Es bedeutet, dass der Vorbesitzer sie gut gepflegt hat!

Ein weiterer wichtiger Punkt ist, sich zu vergewissern, wie viele Spulen für den Unterfaden vorhanden sind. Ich empfehle Ihnen, mindestens vier zu haben, denn wenn Ihre Maschine zu alt ist, kann es sein, dass Sie keine neuen Spulen mehr nachkaufen können. Sie sollten niemals Spulen kaufen, die lediglich als kompatibel für Ihre Maschine gelten, es sei denn, Sie gehen in ein Geschäft, das die Marke Ihrer Maschine verkauft, und der Verkäufer garantiert Ihnen, dass die Spule für Ihre Maschine geeignet ist.

4

DIE NÄHMASCHINE VORBEREITEN

Den Oberfaden richtig einfädeln

Eine Nähmaschine für den Hausgebrauch ist weniger robust als eine Industriemaschine, daher ist es wichtig, sie gut zu pflegen. Die Bedienungsanleitung Ihrer Nähmaschine sollten Sie immer zur Hand haben, um jederzeit nachschlagen zu können, wie der Faden richtig eingefädelt wird und wie man die verschiedenen Stiche einstellt.

Jede Maschine ist anders, und um einen schönen Stich zu erzielen, muss der Oberfaden unbedingt durch alle Fadenführungen geführt werden. Das garantiert dem Faden eine perfekte Spannung und verhindert auch, dass er beim Nähen reißt.

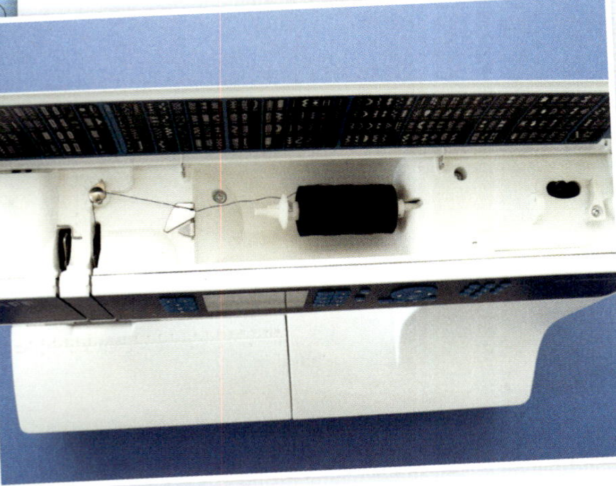

Die Fadenführung am Fadenspannungsregler

Der Oberfaden durchläuft mehrere Ösen, bevor er in die Fadenführung des Oberfadenspannungsregler (B) gelangt. Damit der Faden die richtige Spannung hat, wird er zuerst von der Garnspule abgerollt, durch eine Öse gefädelt und dann um die Vorspannfadenführung (A) gelegt. Von dort wird er zum Oberfadenspannungsregler (B) geführt. Am Regler erkennen Sie zwei Scheiben, zwischen denen der Faden beim Nähen laufen muss. Legen Sie den Faden dazwischen. Jetzt verhindern Sie für einen Moment, dass der Faden sich weiter abrollt, indem sie ihn mit der rechten Hand an (C) festhalten. Gleichzeitig ziehen Sie mit der linken Hand am Fadenende, wodurch der Federmechanismus einrastet, der die Fadenspannung reguliert.

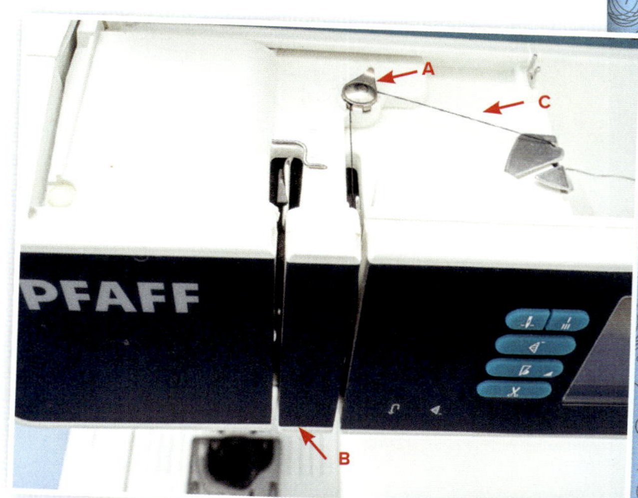

Die Fadenführung nahe an der Nadel

In der Regel verfügen Nähmaschinen über ein bis zwei Fadenführungen in der Nähe der Nadel. Dadurch kann der Oberfaden immer gut gespannt werden, was zu gleichmäßigen Stichen führt.

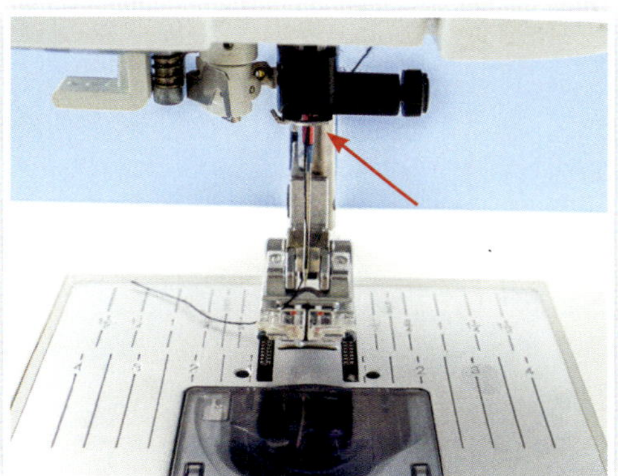

Die Unterfadenführung

- **Spule in einem Fach**

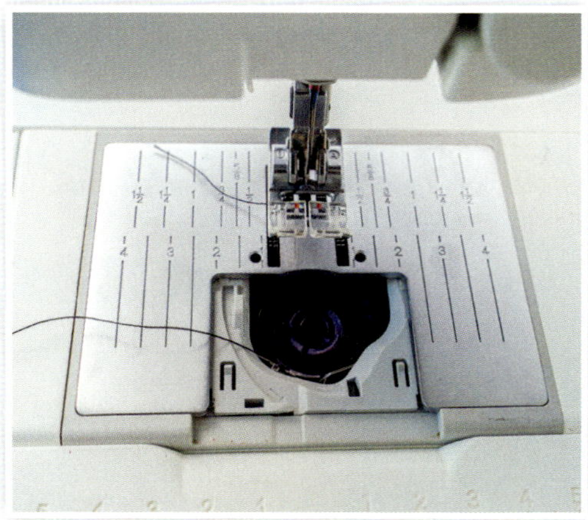

- **Spule in einem Metallgehäuse**

Die Spule wird entweder in eine mechanische Spulenkapsel oder in eine Aussparung direkt unter dem Nähfuß eingesetzt. In beiden Fällen führen Sie den Faden durch die Führung. Schieben Sie den Faden durch die Aussparung und setzen Sie die Spule an ihrem Platz ein. Lesen Sie Ihre Anleitung genau durch, denn manche Spulen müssen in einer ganz bestimmten Richtung platziert werden.

Die Nähmaschine mit Stoffresten testen

Sobald Sie Ihre Maschine erworben haben, sollten Sie die verschiedenen Sticharten testen. Nehmen Sie dazu Stoffe, Bettlaken oder gebrauchte Kleidung zur Hand. Es ist wichtig, dass Sie den Umgang mit Ihrer Maschine beherrschen, bevor Sie mit einem Nähprojekt beginnen. Nutzen Sie die Gelegenheit, um herauszufinden, wie Sie den Zickzackstich, den Elastikstich, den Knopflochstich und sogar Zierstiche auswählen können.

5

WORAUF GRUNDSÄTZLICH GEACHTET WERDEN SOLLTE

Damit Ihre Nähmaschine nicht falsch eingestellt ist, sollten Sie sich die richtigen Handgriffe aneignen. Wenn Sie Ihre Maschine bei einem Händler kaufen, sollten Sie dort eine Einführung in die korrekte Benutzung bekommen. Diese Grundlagen werde ich Ihnen im Folgenden erläutern.

Die richtige Position der Fäden

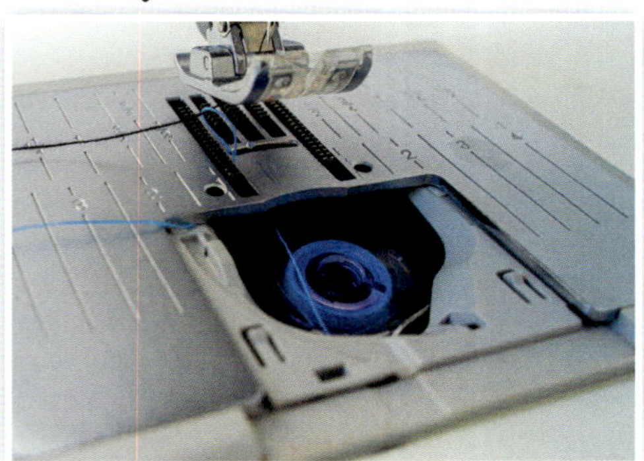

Gewöhnen Sie sich an, den Faden aus der Unterfadenspule herauszuholen. Wenn diese sich in ihrem Fach befindet, bewegen Sie die Nadel, in die der Oberfaden eingefädelt ist, mithilfe des Handrads nach unten in das Spulenfach. Wenn die Nadel wieder nach oben fährt, nimmt sie den Unterfaden mit. Ziehen Sie den Unterfaden und den Oberfaden unter dem Nähfuß hindurch nach hinten – beide Fadenenden sollten mindestens 6 cm lang sein. Jetzt können Sie mit dem Nähen beginnen. Wenn Sie die Fäden nicht nach hinten ziehen, kann es sein, dass der Unterfaden nicht sofort aufgenommen wird und Ihre Naht erst 2 cm später beginnt oder es überhaupt nicht funktioniert.

Den Stoff richtig entfernen

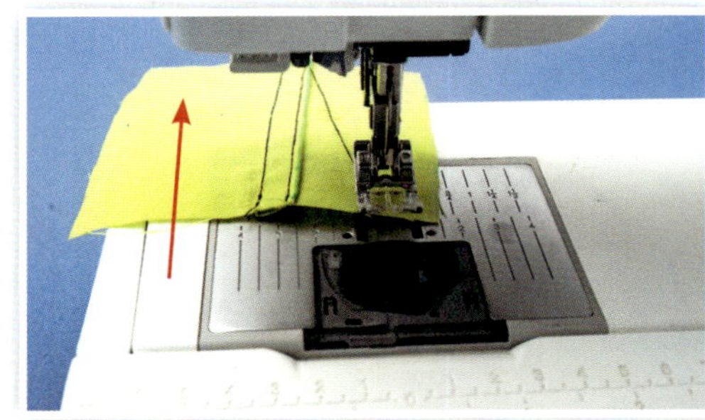

Wenn Sie eine Naht beenden, ziehen Sie den Stoff immer nach hinten unter dem Nähfuß heraus. Ein Riemensystem sorgt dafür, dass Ober- und Unterfaden gleichzeitig bewegt werden. Wenn Sie den Stoff nach vorne herausziehen, kann diese Synchronisierung Schaden nehmen. Mein bester Rat ist daher: Ziehen Sie den Stoff niemals über die Transporteure!

Wenn sich der Stoff an der Nadel staut

Es kann jedem passieren, dass sich der Stoff einmal staut; wichtig ist, dass Sie dann richtig reagieren. Wenn sich der Stoff in den Transporteuren verklemmt, näht die Maschine auf der Stelle. Halten Sie in einem solchen Fall augenblicklich an. Wenn Sie nicht sofort stoppen, bilden sich immer mehr Knoten, und die Transporteure werden blockiert. Der richtige Schritt ist, sofort die Spulenabdeckung und die Stichplatte zu entfernen. Ziehen Sie den Stoff ganz vorsichtig heraus.

Sie können Ihren manuellen Fadenschneider zu Hilfe nehmen. Schneiden Sie eingeklemmte Fäden ab, eventuell auch unter der Stichplatte und in der Spulenkapsel.

Wenn die Nadel feststeckt

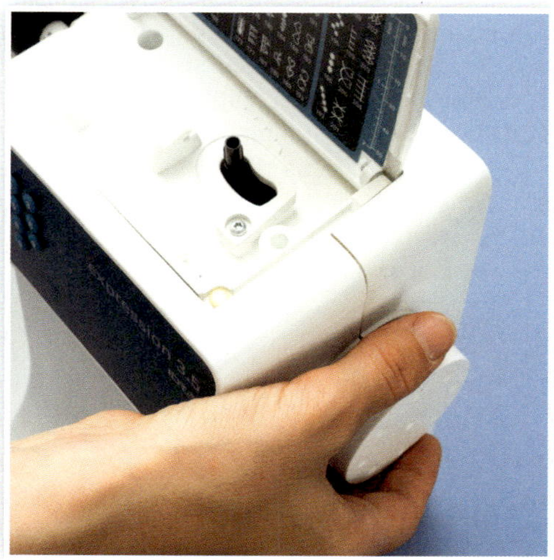

Manchmal bleibt die Nadel genau dann im Stoff stecken, wenn man eine Naht beenden und den Stoff entfernen will. Die erste Maßnahme besteht darin, das Handrad ein wenig vor und zurück zu drehen. So bildet sich kein Knoten, und Sie können Ihren Stoff leicht nach hinten aus der Maschine ziehen.

Die Oberfadenspannung regulieren

Für einen gleichmäßigen Stich benötigt die Nähmaschine meist eine Oberfadenspannung zwischen 4 und 5. Diese Einstellung wird nur in speziellen Fällen verändert. Bei einigen Maschinen kann es sein, dass Sie die Spannung erhöhen müssen, wenn Sie dicke Stoffe. wie Jeans oder Leder, nähen möchten. Wenn die Spannung zu hoch eingestellt ist, kann der Oberfaden reißen. Bei sehr feinen Stoffen, wie Organza, Satin oder elastischem Tüll, kann es sein, dass Sie die Spannung etwas verringern müssen.

Die Unterfadenspannung regulieren

Manche Spulen werden in ein Metallgehäuse geschoben, andere sitzen in einem Spulenfach. Die Spannung einer Spule mit Metallgehäuse wird mithilfe einer Schraube reguliert. Sobald Ihre Maschine gleichmäßige Stiche macht, sollten Sie nichts mehr verstellen. Wenn überhaupt, korrigieren Sie die Oberfadenspannung.

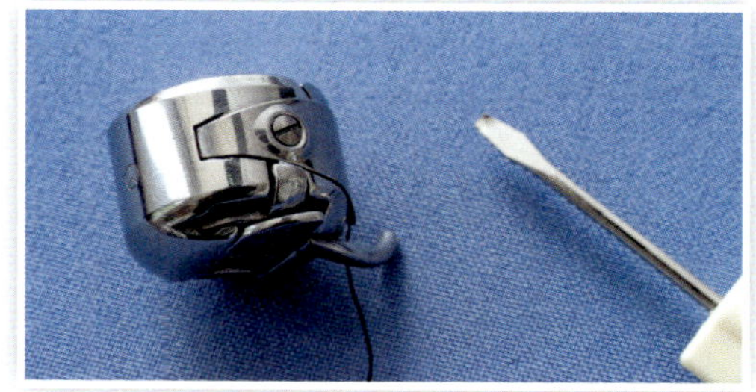

6

UNENTBEHRLICHE HILFSMITTEL

Die richtigen Nähutensilien ermöglichen einen guten Start, vor allem, wenn die wichtigsten Werkzeuge schnell zur Hand sind. In diesem Kapitel erfahren Sie, was ich für unverzichtbar halte und was ich regelmäßig verwende. Zu sehen ist das auch in meinen Tutorials und in meinen Livestreams zum Thema Nähen.

... zum Schneiden

Zu den wichtigsten Werkzeugen beim Nähen gehören Spezialscheren, die unter den Nähutensilien die wohl teuerste Anschaffung sind. Wenn Sie Stoff exakt schneiden wollen, brauchen Sie eine **Schneiderschere**. Sie hat eine geknickte Form und lange Klingen und sollte ausschließlich zum Schneiden von Textilien verwendet werden. Zum Zuschneiden Ihrer Schnittmuster benötigen Sie eine normale **Papierschere**. Auch hier sollten Sie sich für ein Exemplar mit langen Klingen entscheiden. Eine **Zackenschere** verhindert, dass Stoffkanten ausfransen. So sparen Sie sich das Versäubern. **Fadenschneider** sind besonders praktisch, um Nähte aufzutrennen.

... zum Anzeichnen

Für das Übertragen der Schnittmusterteile auf den Stoff gibt es verschiedene Hilfsmittel. Ich mag den **auswaschbaren Markierungsstift** für Stoff, weil man damit sehr genau zeichnen kann. Er lässt sich leicht mit Wasser entfernen und hinterlässt keine Spuren. Er wird meist in Blau angeboten. Für einfarbige oder sehr dunkle Stoffe verwende ich einen **Kreidestift**, der wie ein Druckbleistift gestaltet ist und mit Wechselminen in bis zu 10 Farben geliefert wird.

Ich habe vor kurzem **wegbügelbare Markierungsstifte** entdeckt, deren Striche auf Hitze reagieren. Verwenden Sie solche Stifte nur zum Markieren von Schnittkanten und nicht von Nähten, denn bei manchen Stoffen kann es vorkommen, dass die Striche nicht vollständig verschwinden. Damit die Mine nicht austrocknet, nehme ich sie heraus und setze die Verschlusskappe wieder auf.

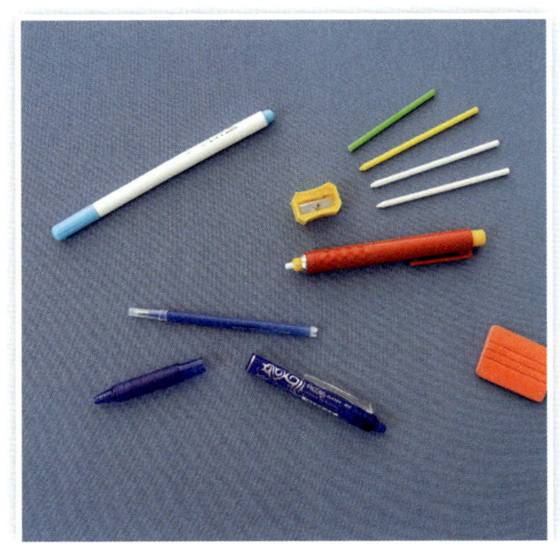

Wenn ich meine Schnittmusterteile übertrage, lege ich sie in der richtigen Position auf den Stoff und fixiere sie mit Gewichten. Durch diese **Stoffbeschwerer**, die ringförmig sind und einen Bezug haben, der Verrutschen verhindert, werden Löcher vermieden, die durch Stecknadeln entstehen würden.

... zum Messen

Das klassische **Schneidermaßband** wird häufig verwendet, um Körpermaße zu nehmen. Ich persönlich mag das **Rollmaßband**, das sich auf Knopfdruck automatisch auf einer Spule aufwickelt und sich daher nicht verheddern kann. Sie brauchen auch ein **mindestens 35 cm langes, durchsichtiges Lineal**. Ein handliches **20 cm langes Lineal** kann praktisch sein, wenn Sie beim Nähen schnell etwas nachmessen wollen, zum Beispiel die Saumhöhe oder die Nahtzugabe. Ein **Geodreieck** wird für exakte rechte Winkel und für parallele Linien benötigt.

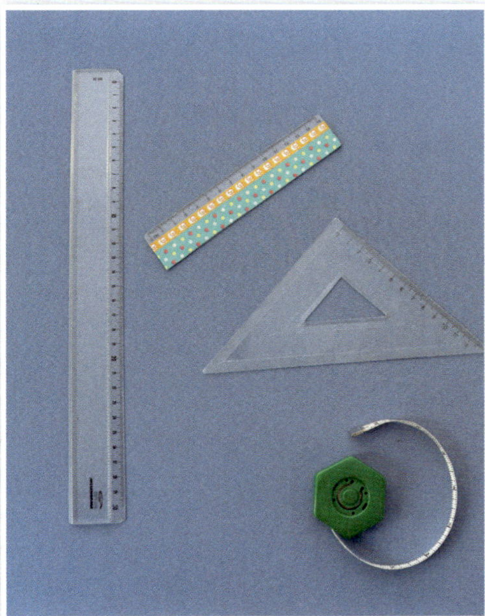

Nähzubehör

Es gibt für das Nähen eine Vielzahl von Hilfsmitteln. Hier sind die, die ich für wesentlich halte. Mit **Stecknadeln** – am besten auf einem **Nadelkissen** – kann man eine Naht abstecken, bevor man sie näht. Für Stoffe, bei denen Löcher sichtbar bleiben könnten, und für Kunstleder, verwenden Sie besser flache **Stoffklammern**.

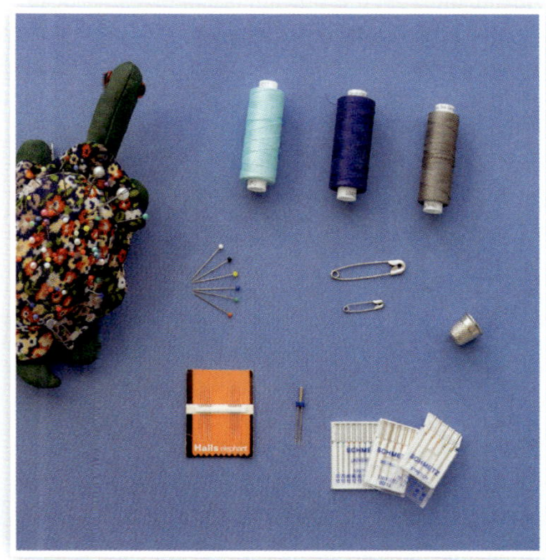

Legen Sie sich einen kleinen Vorrat an **Sicherheitsnadeln** an. Manchmal sind an neuen Kleidungsstücken die Etiketten mit Sicherheitsnadeln befestigt. Ich bewahre sie auf, denn sie sind sehr praktisch, um selbst genähte Stoffbänder zu wenden oder Bänder durch einen Stofftunnel zu ziehen. Ich habe auch immer ein **dünnes Holzstäbchen** griffbereit, um die Ecken eines Werkstücks herauszuarbeiten.

Eine der wichtigsten Anschaffungen sind zweifellos **Qualitätsgarne**. Sie sorgen dafür, dass es nicht zu einem Stoffstau kommt und Sie schöne Nähte erhalten. Wenn der Faden zu häufig reißt, ist das ein Hinweis auf seine schlechte Qualität. Stellen Sie rechts von Ihrer Nähmaschine einen **Tischabfalleimer** für abgeschnittene Fäden auf.

Legen Sie sich einen kleinen Vorrat an **Handnähnadeln** zu – es gibt im Handel Sets mit verschiedenen Größen. Auch ein **Fingerhut** ist nützlich, um sich beim Nähen von dicken Stoffen nicht zu verletzen.

Kaufen Sie ein Set **hochwertiger Nähmaschinennadeln**, damit Sie unterschiedliche Größen zum Nähen verschiedener Stoffe, einschließlich elastischer Materialien zur Verfügung haben. Markenprodukte garantieren, dass Sie einen gleichmäßigen Stich erzielen. Für dünne Stoffe benötigen Sie eine feine Nadel der Stärke 70. Für klassische Stoffe werden die Stärken 80 und 90 und für dicke Stoffe 100 verwendet.

Vlies wird nicht aus Garnen gewoben, sondern besteht aus einzelnen Fasern, die mithilfe von Hitze oder anderer Techniken miteinander verbunden werden. Es wird in verschiedenen Stärken und Qualitäten angeboten, auch querelastisch. Wenn Sie möchten, dass Ihre Arbeit formstabil bleibt, sollten Sie hochwertiges Vlies bevorzugen. Bei minderer Qualität kann sich das Vlies mit der Zeit vom Oberstoff lösen.

Nützlich sind auch **Schmuck-, Schräg- und Paspelband** zum Einfassen von Stoffkanten und **Kragen- sowie Miederstäbchen** zum Verstärken. Und die **Bedienungsanleitung für die Nähmaschine** muss immer griffbereit sein!

Was sonst noch nützlich ist

Wenn die Maschine beim Losnähen nicht richtig fasst, weil der Stoff entweder zu dünn oder zu dick ist, legen Sie einen **Höhenausgleich** hinter den Nähfuß. Das kann ein gerolltes Stück Stoff oder ein selbst genähtes Kisschen sein – meines misst 8 × 8 cm. In der Schneiderei wird dieses Hilfsmittel als „Hebamme" bezeichnet.

Dicke Stoffe werden manchmal nicht gut transportiert. Dieses Problem lässt sich durch Auflegen von Pergament- oder Seidenpapier einfach beheben. Bei besonders leichten Stoffen empfiehlt sich zur Verbesserung des Stofftransports und der Stabilität die Verwendung von **Bügelvlies**, das es in verschiedenen Ausführungen gibt. Mit einem aufbügelbaren **Stickvlies** lassen sich schöne Knopflöcher und Stickereien herstellen.

7

GRUNDBEGRIFFE DES NÄHENS

Für einen problemlosen Start beim Nähen, sollte man einige Grundbegriffe kennen. Hier sind die, die ich für wesentlich halte und die Ihnen helfen werden, Ihre Projekte erfolgreich umzusetzen.

Was ist eine Nahtzugabe?

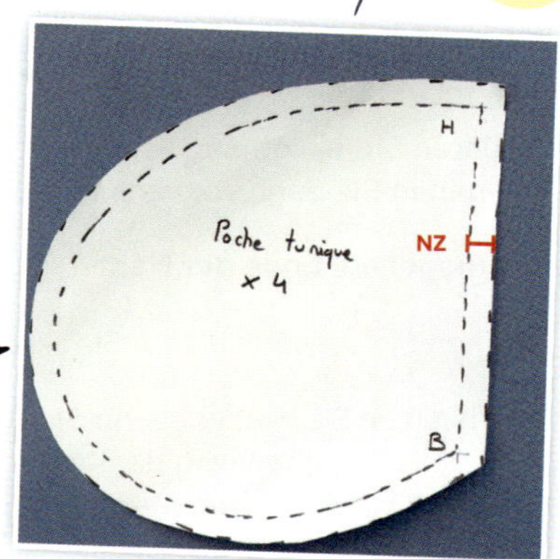

Als Nahtzugabe wird der Stoff zwischen der Naht und der Stoffkante bezeichnet. Sie wird benötigt, wenn man zwei Stofflagen zusammenzunähen will. Meist verläuft die Naht 1 cm von der Stoffkante entfernt. Die Nahtzugabe beträgt dann 1 cm.

Was ist der Fadenlauf?

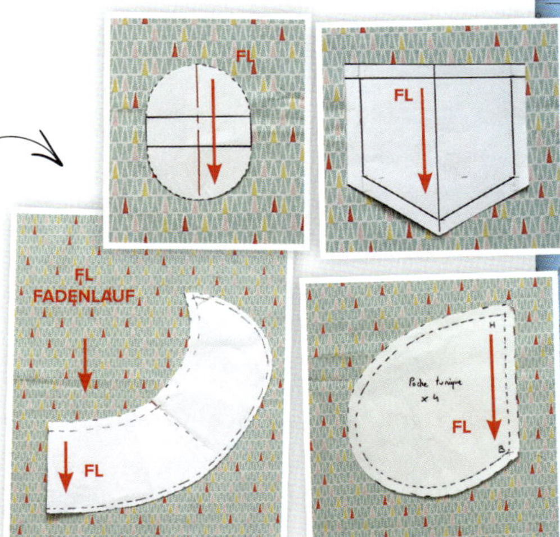

Wenn Sie Teile aus einem Stoff zuschneiden wollen, müssen Sie die Webrichtung beachten. Wenn Sie ein Schnittmuster gekauft haben, ist der Fadenlauf (FL) grundsätzlich mit einem Pfeil angegeben. Dieser wird immer parallel zur Webkante verlaufen. Platziert man die Schnittteile entsprechend dem Fadenlauf, verhindert dies, dass der Stoff sich beim Nähen verzieht. Bei gemusterten Stoffen müssen außerdem alle Teile des Schnittmusters in dieselbe Richtung zeigen (siehe Abbildung), und es muss insbesondere bei größeren Motiven auf den richtigen Anschluss des Musters geachtet werden.

Wenn Sie den Fadenlauf nicht beachten, kann sich Ihre Arbeit nach dem Waschen verziehen. Der Fall des Stoffes ist dann ungleichmäßig und optisch nicht ansprechend. Außerdem besteht die Gefahr, dass die Vorder- und Rückseite eines Kleidungsstücks voneinander abweichen. Merke: Die Mitte eines Kleidungsstücks folgt dem Fadenlauf.

Nähte richtig beginnen und beenden

Am Beginn und am Ende einer Naht muss der Faden fixiert werden. Das gilt für alle Arten von Nähten – Steppnähte, Säume und andere – und unabhängig davon, ob sie von Hand oder mit der Maschine genäht wurden.

DEN FADEN MIT DER NÄHMASCHINE FIXIEREN

Es ist unerlässlich, eine Naht mit einem sauberen Riegel zu beginnen und abzuschließen.

Der Riegel am Beginn der Naht

1. Stechen Sie die Nadel 1 cm von der hinteren Stoffkante entfernt ein.
2. Führen Sie einige Stiche rückwärts bis zur Stoffkante aus, und nähen Sie dann vorwärts Ihre Naht.

Der Riegel am Ende der Naht

1. Nähen Sie vorwärts bis zur Stoffkante, dann 1 cm rückwärts.

2. Nun nähen Sie wieder bis zur Stoffkante. Durch das erneute über die Naht nähen wird der Riegel erzeugt. Ziehen Sie den Stoff nach hinten aus der Maschine heraus und schneiden Sie alle überstehenden Fäden ab.

DEN FADEN VON HAND FIXIEREN

Der Knoten am Beginn der Naht

In der Regel wird der Knoten an einem Ende des Fadens und nicht direkt auf dem Stoff gebildet.

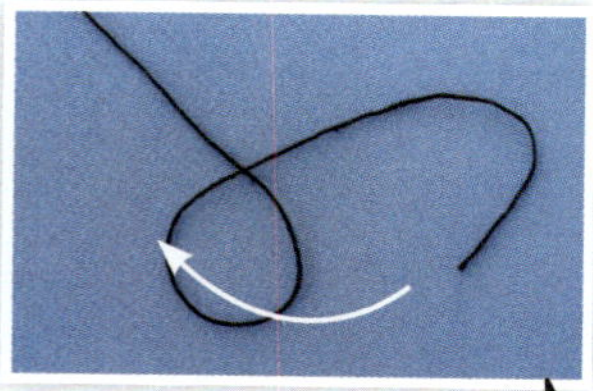

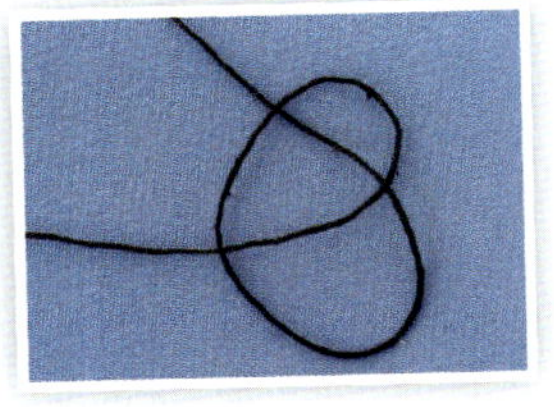

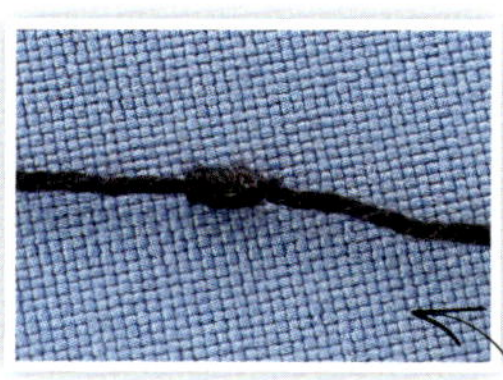

1. Bilden Sie eine Schlaufe am unteren Ende des Fadens.

2. Führen Sie das Ende des Fadens durch die gebildete Schlaufe.

3. Wenn Sie mehrmals durch die Schlaufe gehen, bevor Sie ziehen, erhalten Sie einen dickeren Knoten der nicht durch den Stoff rutscht.

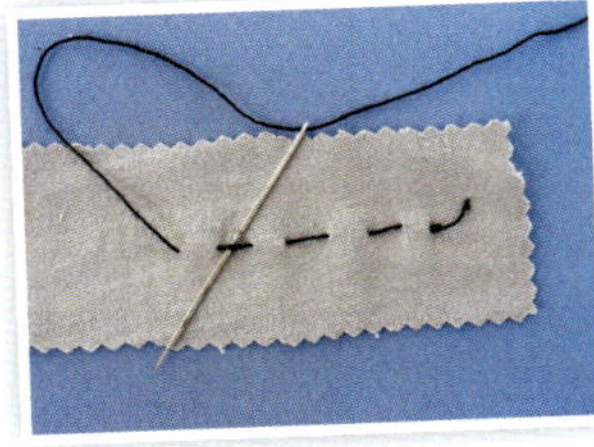

Der Knoten am Ende der Naht

1. Führen Sie Ihre Nadel quer unter dem letzten Stich hindurch, den Sie gerade mit der Hand gemacht haben.

2. Dadurch entsteht eine Schlaufe.

3. Führen Sie die Nadel nun durch diese Schlaufe hindurch.

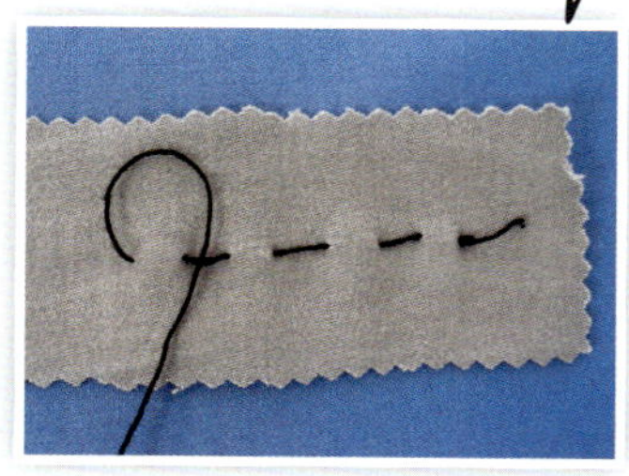

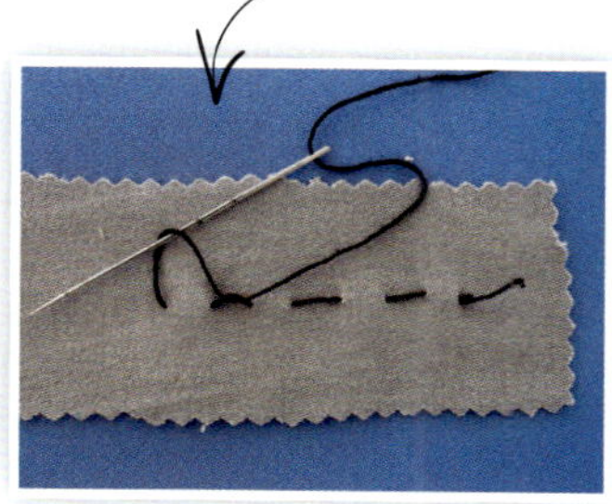

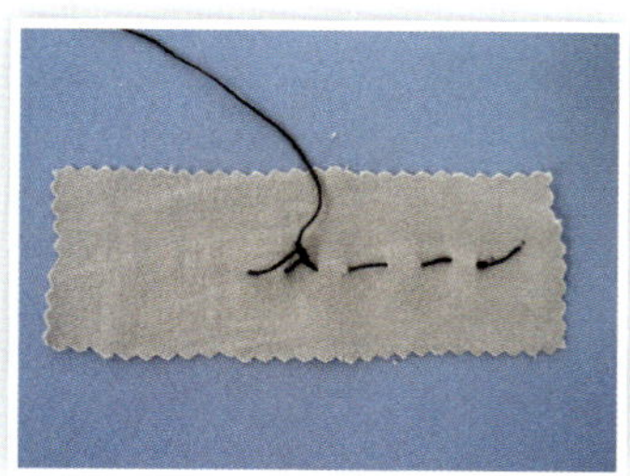

4. Sie können die Schlaufe auch zwei- oder dreimal durchlaufen, bevor Sie Ihren Knoten festziehen. Dadurch erhalten Sie einen festeren Endknoten.

5. Durch das Ziehen am Faden schließt sich die Schlaufe, und der Endkroten wird gebildet.

Der Geradstich

Der Geradstich – auch Steppstich genannt – ist der wichtigste Stich beim Nähen. Er ist besonders vielseitig einsetzbar, zum Beispiel, um zwei Stoffteile oder mehrere Stofflagen miteinander zu verbinden. Die Abbildung zeigt oben eine Naht, die mit der Nähmaschine genäht wurde, und unten eine von Hand genähte Naht.

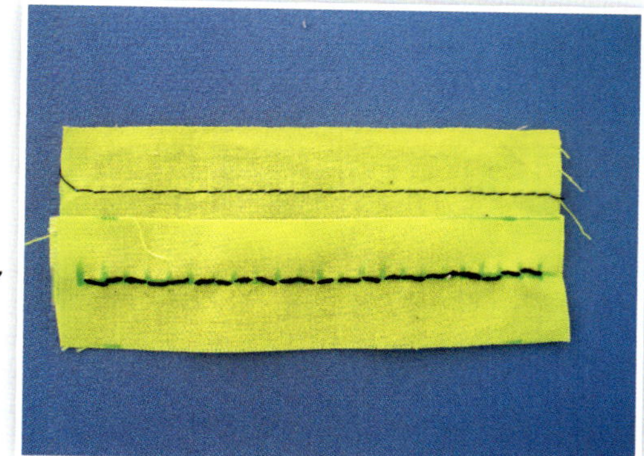

ZWEI STOFFLAGEN ZUSAMMENNÄHEN

Wenn Sie beim Nähen eine Anfängerin sind, lernen Sie zuerst das Zusammennähen von Stoffen. Das Ziel ist eine stabile Naht. Zum Nähen von elastischen Stoffen, wie Stretch oder Jersey, bieten neue Maschinen den dehnbaren Geradstich an.

Das Zusammennähen mit der Nähmaschine

Wenn Sie mit der Nähmaschine nähen, überprüfen Sie, ob Sie vier Stiche pro Zentimeter erhalten. Diese Stichlänge ermöglicht das Auftrennen, wenn ein Fehler passiert ist, ohne dass der Stoff dabei beschädigt wird. Außerdem ist eine solche Naht haltbar und reißt nicht. An der Maschine kann die Stichlänge mit einem Rädchen oder über einen Nummernblock eingestellt werden. Machen Sie einen Test auf einem Stoffrest: Sobald 4 Stiche auf 1 cm passen, können Sie mit Ihrem Projekt beginnen.

Das Zusammennähen von Hand mit dem Steppstich

1. Anfängerinnen können 1 cm von der Stoffkante entfernt auf der linken Stoffseite eine Hilfslinie vorzeichnen, auf der die Stichlängen markiert sind.

2. Beginnen Sie mit einem Doppelknoten am Ende des Nähfadens. Dann führen Sie die Nadel von der rechten Seite durch den Stoff nach vorne.

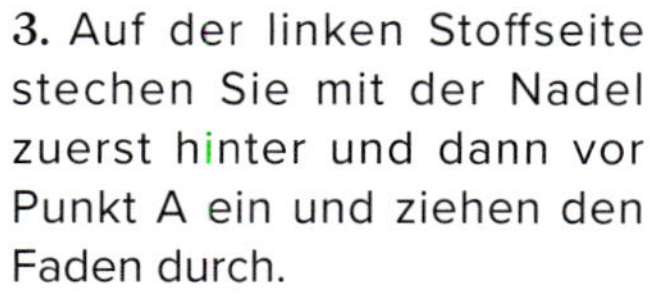

3. Auf der linken Stoffseite stechen Sie mit der Nadel zuerst hinter und dann vor Punkt A ein und ziehen den Faden durch.

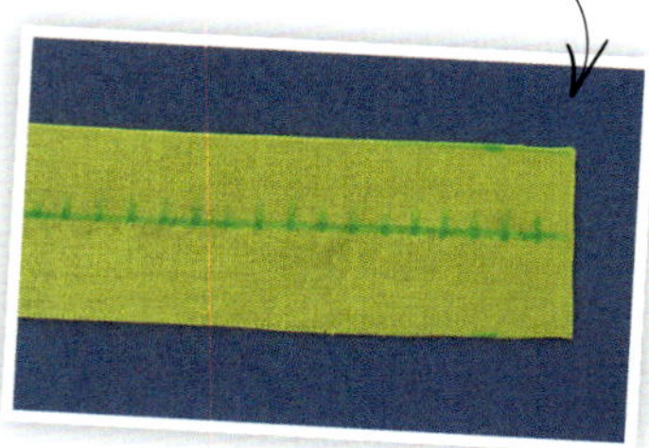

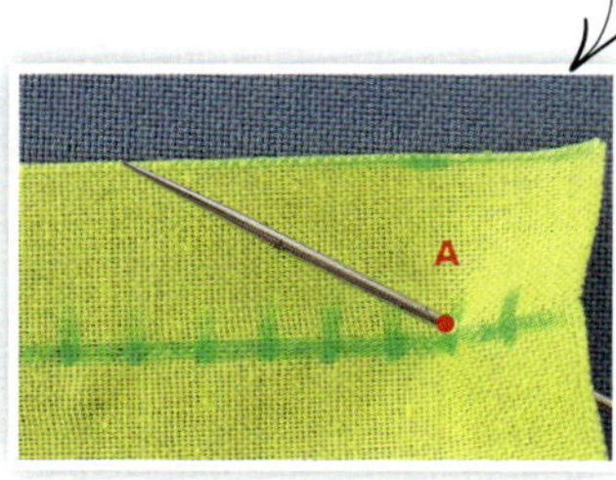

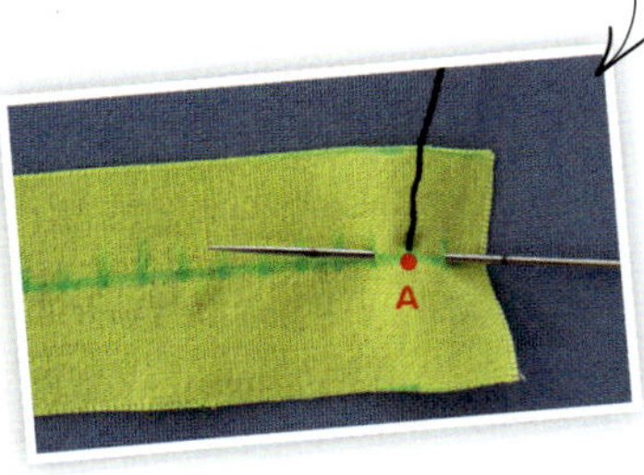

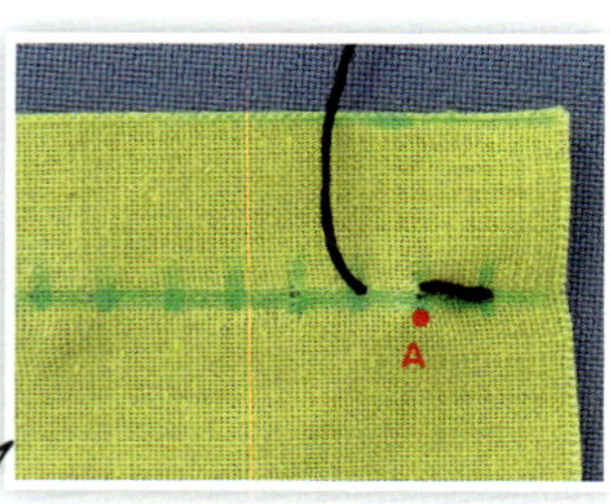

4. Ihr erster Stich ist fertig!

5. Um eine Steppnaht mit der Hand zu nähen, fahren Sie so fort und orientieren sich dabei an der Hilfslinie. Arbeiten Sie so präzise wie möglich.

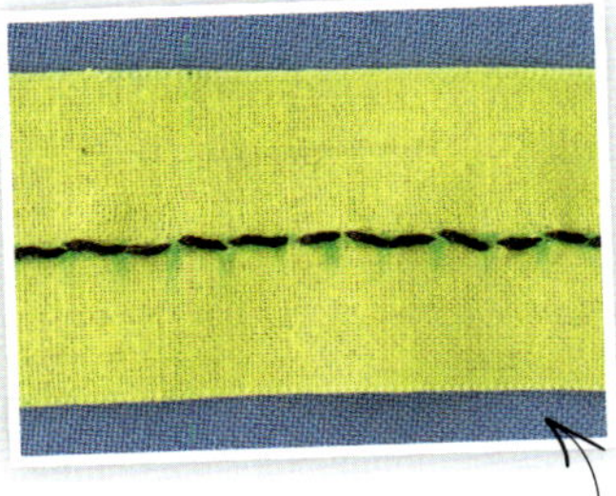

6. Auf der rechten Stoffseite verläuft nun eine gleichmäßige Naht parallel zur Stoffkante. Sie entspricht einer Nähmaschinensteppnaht.

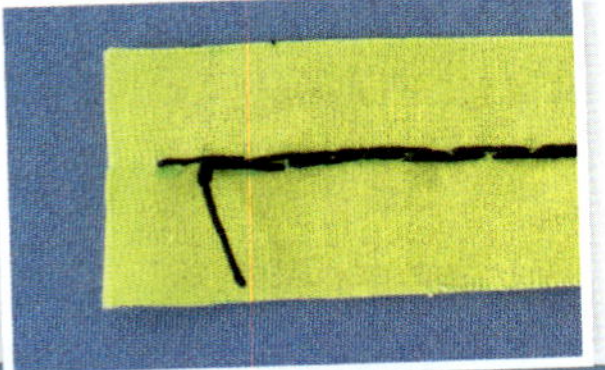

7. Auf der linken Stoffseite sieht die Naht unordentlicher aus, weil sich die einzelnen Stiche überlappen. Eine Naht von Hand kann besonders schnell ausgeführt werden.

ZWEI STOFFLAGEN HEFTEN

Um zu verhindern, dass sich die Stofflagen beim Zusammennähen verschieben, fixieren Sie diese vorübergehend. Dieser Vorgang wird „Heften" genannt. Auf der Nähmaschine werden dafür lange Geradstiche verwendet (oben), beim Nähen mit der Hand Heftstiche (unten)

Das Heften empfiehlt sich bei fließenden Stoffen. Auch bei komplizierten Nähten und beim Einsetzen von Ärmeln lohnt sich die Mühe.

Heften Sie 5 mm von der Kante entfernt mit einem Heftfaden, der sich in der Farbe deutlich vom Stoff unterscheidet, und setzen Sie an den Nahtenden keine Riegel. Stellen Sie dann die Stichlänge Ihrer Nähmaschine wieder auf 4 Stiche pro Zentimeter ein, und nähen Sie die beiden Stofflagen 1 cm von der Kante entfernt zusammen. Wenn die Naht gelungen ist, können Sie den Heftfaden sehr schnell entfernen, indem Sie daran ziehen.

Um ein perfektes Ergebnis zu erzielen, machen Sie drei Schritte: Stecken Sie zuerst die Stofflagen mit Stecknadeln fest, dann heften Sie sie, und zum Schluss nähen sie die Stofflagen mit dem Geradstich auf der Nähmaschine zusammen.

Das Heften mit der Nähmaschine

Stellen Sie Ihre Nähmaschine auf den breitesten Stich ein, der verfügbar ist, das sind meist 2 Stiche pro Zentimeter.

Das Heften von Hand mit dem Heftstich
Legen Sie die Stofflagen passend übereinander. Fädeln Sie einen Faden in Kontrastfarbe in die Nähnadel ein, und führen Sie diese wie gezeigt im Auf und Ab durch alle Stofflagen.

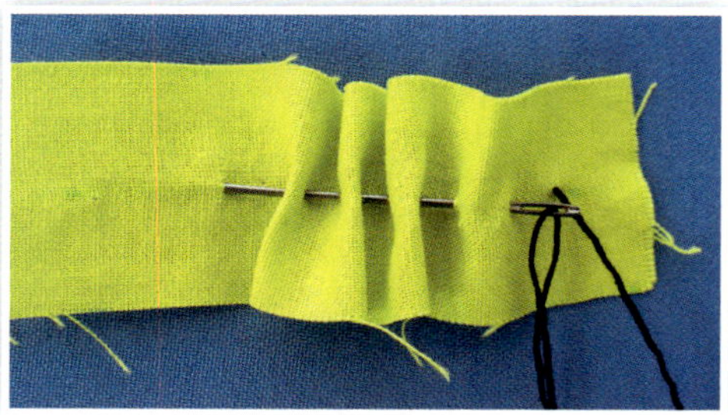

Die Stiche und die Abstände dazwischen dürfen groß sein. Das erleichtert das Fadenziehen.

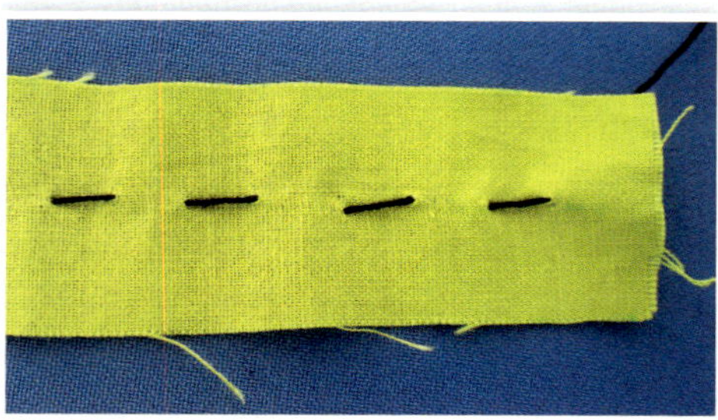

DIE STEPPNAHT

Stoffteile werden mithilfe einer Steppnaht fest miteinander verbunden. Die Nahtzugabe wird beibehalten. Mit einer Steppnaht können zum Beispiel Taschen aufgesetzt werden. Wenn eine Steppnaht rund um ein Kleidungsstück verläuft, sollten Nahtanfang und -ende etwas überlappen. Riegel werden in diesem Fall nicht gesetzt. Beim Annähen eines Hosen- oder Rockbunds wird der Faden von rechts mit einer Nadel auf die linke Seite gezogen. Dort werden beide Fäden durch Verknoten gesichert. Da Steppnähte außen sichtbar sind, sollten sie besonders sorgfältig ausgeführt werden.

Die offene Naht

Eine einfache Steppnaht kann von Hand genäht werden. Bei Verwendung einer Nähmaschine wird sie mit 3 Stichen pro Zentimeter ausgeführt. Steppnähte dienen der stabilen Verbindung zweier Stoffteile. Mit der Nahtzugabe kann unterschiedlich verfahren werden. Bei der offenen Naht wird sie nach dem Nähen auseinandergebügelt.

Die geschlossene Naht

Bei dieser Variante wird die Nahtzugabe beider Stofflagen in eine Richtung umgelegt und angebügelt. Das zweite Absteppen (zur Verdeutlichung mit blauem Faden) fixiert die Nahtzugabe.

Nahtzugabe – erste Variante

Um die Nahtzugaben für das Zusammennähen zu öffnen, legen Sie den Stoff mit der linken Seite nach oben auf Ihr Bügelbrett. Jetzt drücken Sie die beiden Nahtzugaben auseinander und fixieren sie in dieser Position, indem Sie mit dem Bügeleisen darübergehen. Damit die Nahtzugaben an Ort und Stelle bleiben, können Sie anschließend auf beiden Seiten 5 mm von der Nahtlinie entfernt absteppen. Dies empfiehlt sich vor allem für fließende oder weiche Stoffe, die dazu neigen, leicht zu verrutschen.

Nahtzugabe – zweite Variante

Die beiden Nahtzugaben werden in diesem Fall in eine Richtung gelegt und abgesteppt. In welche Richtung das geschieht, ist von Projekt zu Projekt verschieden. Bei der horizontalen Naht eines Kleidungsstücks, wird die Nahtzugabe nach unten gebügelt, damit sie nicht auf der Haut kratzt, bei der vertikalen Naht in Richtung Rücken. Die Nahtzugabe wird normalerweise abgesteppt, damit sie in der gewünschten Position bleibt.

Schnittkanten versäubern

Damit ein Kleidungsstück lange hält, sollten die Arbeiten auch auf der linken Seite sorgfältig ausgeführt werden. Besonders wichtig ist es, die Schnittkanten des Stoffes gegen Ausfransen zu schützen, denn nur so ist die Naht dauerhaft haltbar.

Um das Ausfransen zu verhindern, nähen Sie mit der Nähmaschine der Stoffkante entlang einen Zickzackstich. Dadurch werden die äußeren Fäden festgehalten. Dies wird „Versäubern“ genannt. Im Konfektionsbereich wird diese Verarbeitung mit einer Overlockmaschine durchgeführt.

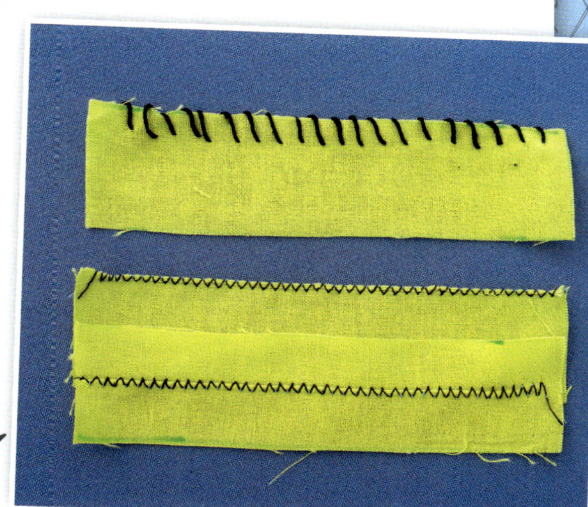

Versäubern mit der Nähmaschine

Wählen Sie auf Ihrer Maschine den Zickzackstich. Bei manchen Maschinen können Sie seine Länge und Breite getrennt voneinander einstellen. Je mehr Stiche pro Zentimeter ausgeführt werden, desto ungeeigneter ist er für den Zweck des Versäuberns.

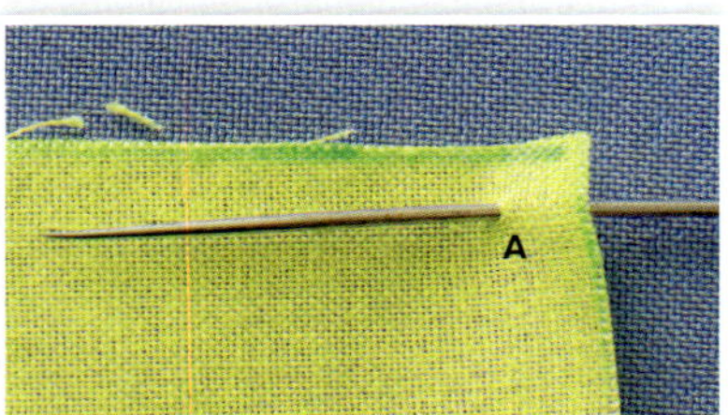

Versäubern von Hand

1. Legen Sie den Stoff mit der rechten Seite nach oben vor sich, fädeln Sie den Faden ein, und fixieren Sie das Fadenende mit einem Knoten.

2. Führen Sie die Nadel von der linken Seite durch den Stoff. Wiederholen Sie den Vorgang etwa 3 mm von Punkt A entfernt. Auf diese Weise bildet sich eine Schlaufe um die Stoffkante.

3. Setzen Sie dies entlang der gesamten Stoffkante fort.

Diese Technik ist einfach und schnell.

Versäubern mit der Overlock

In der Textilindustrie werden Stoffkanten mit dem Overlockstich versäubert – die Nähmaschinen, die das können, heißen Overlock. Wie Sie sehen können, schützt dieser Stich noch besser vor dem Ausfransen als der Zickzackstich. Overlockstiche werden auch zum Nähen von dehnbaren Stoffen verwendet. Im Beispiel rechts habe ich gleichzeitig zwei Nadeln auf der Overlock eingesetzt. Der Overlockstich und der Steppstich wurden dadurch gleichzeitig genäht. Steppen und Versäubern gelingt so in einem Arbeitsgang.

Die französische Naht

Die französische Naht eignet sich besonders für dünne und leichte Stoffe. Um sie herzustellen, muss man eine Nahtzugabe von 1,5 cm einplanen. Sie wird in zwei Schritten ausgeführt. Auf der rechten Seite sehen Sie eine Naht, und auf der linken Seite brauchen Sie nicht zu versäubern, da die Schnittkanten eingeschlossen werden.

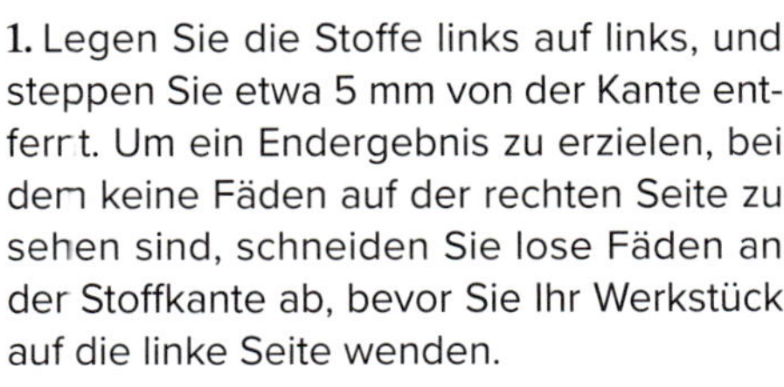

1. Legen Sie die Stoffe links auf links, und steppen Sie etwa 5 mm von der Kante entfernt. Um ein Endergebnis zu erzielen, bei dem keine Fäden auf der rechten Seite zu sehen sind, schneiden Sie lose Fäden an der Stoffkante ab, bevor Sie Ihr Werkstück auf die linke Seite wenden.

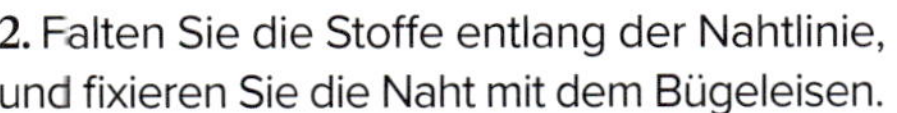

2. Falten Sie die Stoffe entlang der Nahtlinie, und fixieren Sie die Naht mit dem Bügeleisen.

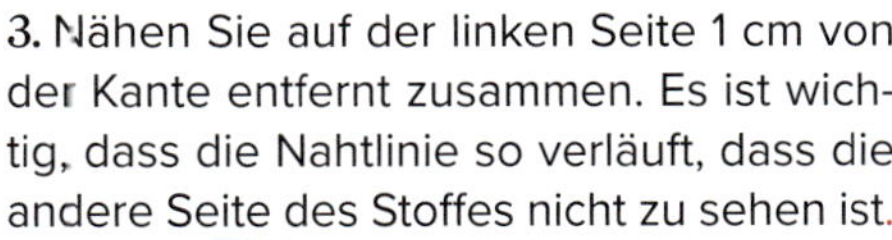

3. Nähen Sie auf der linken Seite 1 cm von der Kante entfernt zusammen. Es ist wichtig, dass die Nahtlinie so verläuft, dass die andere Seite des Stoffes nicht zu sehen ist.

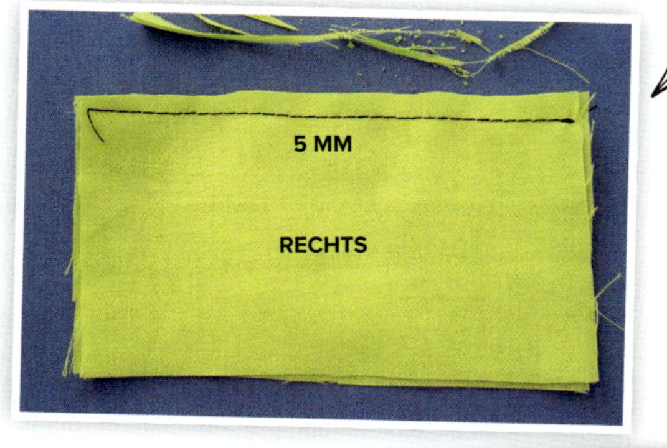

Die geschlossene Kappnaht

Diese Technik ähnelt ein wenig der französischen Naht: Sie wird ebenfalls in zwei Schritten ausgeführt und erfordert eine Nahtzugabe von 1,5 cm. Mit dieser Naht können Sie ebenfalls die Stoffkanten verbergen und damit Ausfransen verhindern. Sie erhalten eine feste und saubere Naht, wie sie häufig bei Jeans verwendet wird. Auf der rechten Seite entsteht optisch eine Steppnaht.

1

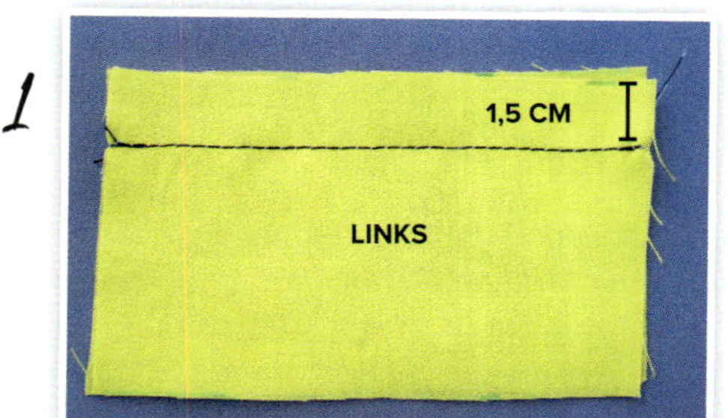

1. Nähen Sie den Stoff bei 1,5 cm auf der linken Seite zusammen.

2. Ziehen Sie 1 cm von der Nahtlinie parallel eine Hilfslinie.

3. Schneiden Sie an einer der beiden Nahtzugaben einen Streifen von 5 mm ab.

4. Glätten Sie die Naht mit dem Bügeleisen: eine Seite ist dann 1 cm, die andere 1,5 cm lang.

2

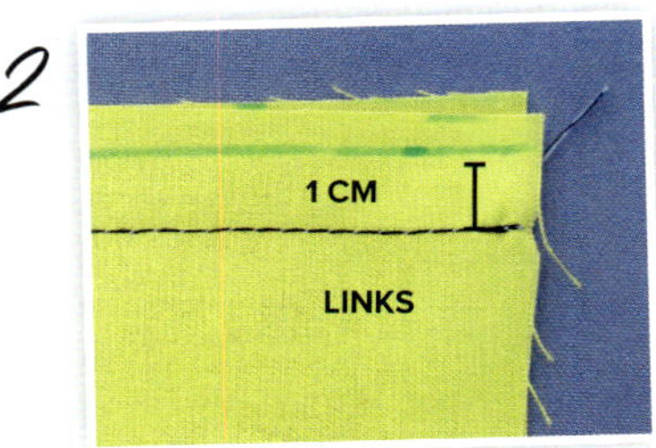

3

4

5. Klappen Sie den 1,5 cm breiten Rand um den 1 cm breiten Rand, sodass er diesen umschließt.

6. Damit diese Falte hält, bügeln oder stecken Sie sie mit Stecknadeln fest.

7. Steppen Sie 1 mm vom Rand entfernt die gesamte Länge ab. Diese Naht wurde auf der linken Seite der Stoffe genäht, sie kann aber auch auf der rechten Seite genäht werden. In diesem Fall erhalten Sie zwei Steppnähte. Verwenden Sie am besten einen Faden in der Stofffarbe, da es anfangs schwierig sein kann, zwei exakt parallele Steppnähte zu nähen.

7

1 CM

LINKS

Der Saum

Der Saum sorgt für eine saubere Stoffkante. Besteht er aus nur einem Umschlag, nennt er sich „einfacher Saum“, bei einem zweiten spricht man von einem „doppelten Saum“.

Einen einfachen Saum mit der Nähmaschine nähen

Beim einfachen Saum muss die Stoffkante versäubert werden, außer es handelt sich um eine Webkante. Dieser Saum findet sich häufig an Konfektionskleidung, bei der das Versäubern mit einer Overlock ausgeführt wurde. Es ist aber kein Problem, diesen Saum mit einer normalen Nähmaschine zu nähen

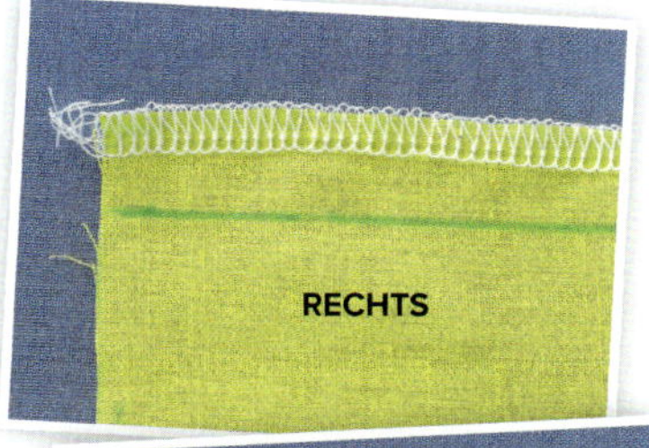

1. Versäubern Sie zunächst die Stoffkante. Wenn es Seitennähte gibt, bügeln Sie diese flach. Als Hilfe zeichnen Sie die Faltkante als Linie auf die rechte Seite des Stoffes.

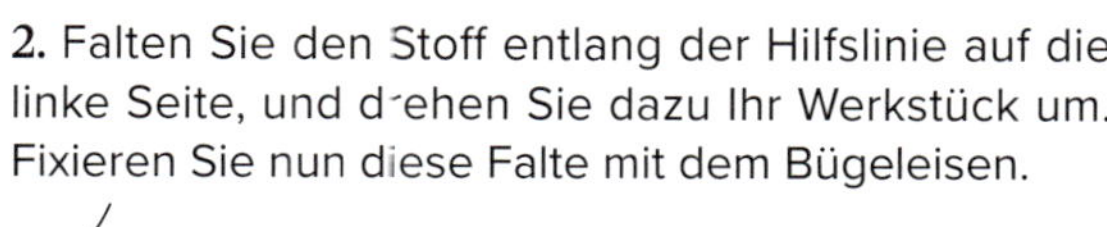

2. Falten Sie den Stoff entlang der Hilfslinie auf die linke Seite, und drehen Sie dazu Ihr Werkstück um. Fixieren Sie nun diese Falte mit dem Bügeleisen.

3. Wählen Sie einen Faden in der Stofffarbe. Steppen Sie nun den Umschlag fest. In meinem Beispiel habe ich direkt über dem Overlockstich genäht. Wenn Ihre Maschine keinen schönen Stich auf Unterseite macht, wenden Sie Ihr Werkstück und nähen Sie auf der rechten Seite. Bei einem Umschlag von 1,5 cm nähen Sie dann 1 cm von der Stoffkante entfernt. So stellen Sie sicher, dass Sie tatsächlich auf dem Umschlag nähen.

Einen doppelten Saum mit der Nähmaschine nähen

Dieser doppelte Saum besteht aus zwei Umschlägen, wodurch er auf der linken Seite des Stoffes makellos aussieht. Bei mittelschweren Stoffen ist der zweite Umschlag in der Regel 1,5 bis 2 cm breit, bei dicken Stoffen ist der zweite Umschlag in der Regel 3 cm breit.

1. Zeichnen Sie auf der rechten Seite die erste Faltkante als Hilfslinie 1 cm von der Stoffkante entfernt auf, dann die zweite Faltkante 2 cm von der ersten Hilfslinie entfernt.

2. Schlagen Sie den Stoff zweimal um und fixieren Sie dabei zunächst den ersten Umschlag, dann den zweiten mit dem Bügeleisen.

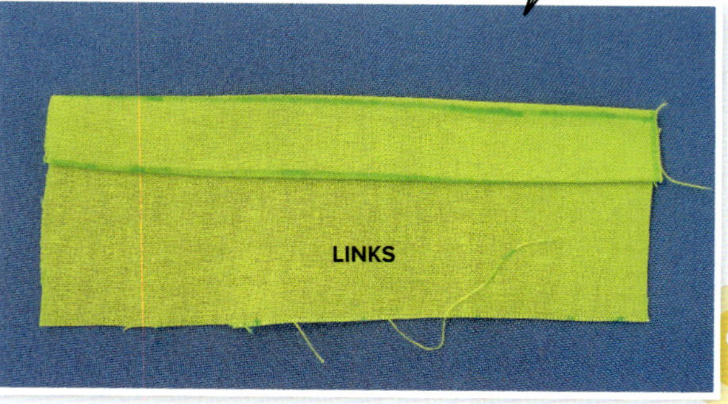

3. Nähen Sie wie gezeigt mit einem Geradstich 1 mm von der Kante des ersten Umschlags entfernt.

Einen doppelten Saum von Hand annähen

1. Um einen Saum mit doppeltem Umschlag von Hand anzunähen, verwenden Sie einen Faden in der Stofffarbe. Ziehen Sie den Faden beim Säumen nicht zu stark an, damit auf der rechten Seite keine Fältchen entstehen.

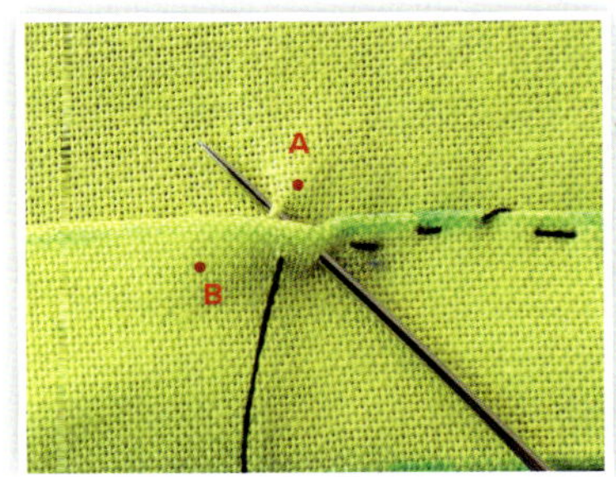

2. Das Prinzip ist, erst rückwärts zu nähen und dann mit der Nadel einzelne Stofffädchen aufzufassen (Punkt A), ohne durch den Stoff zu stechen. Dadurch ist der Faden auf der rechten Seite des Kleidungsstücks nicht sichtbar ist. Der Faden verläuft anschließend von unten durch Punkt B.

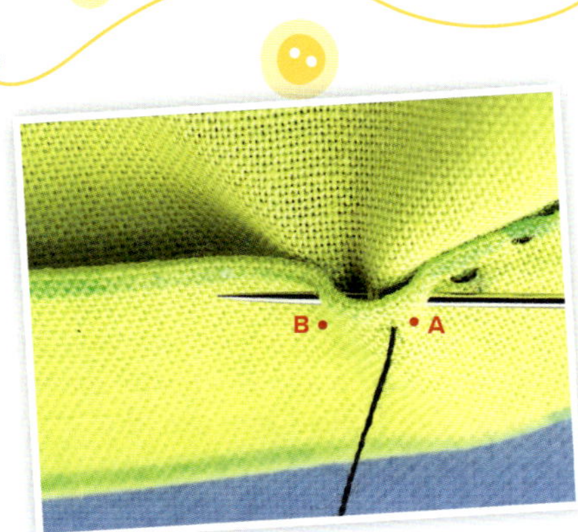

3. Idealerweise geschieht dies in einem Schritt: Sie führen die Nadel durch Punkt A nach unten, dann nehmen Sie Stofffädchen auf und stechen durch Punkt B wieder nach oben.

4. Ein handgemachter Saum sollte etwas locker genäht sein: Ziehen Sie den Faden bei den einzelnen Stichen nie fest an.

Die unsichtbare Naht

Eine unsichtbare Naht mit dem Blindstich ist sehr nützlich, wenn Sie eine Näharbeit ausstopfen wollen, zum Beispiel ein Kissen. Sie nähen den Bezug dann auf links, lassen eine Öffnung für das Füllmaterial und wenden dann auf rechts. Nach dem Befüllen schließen Sie die Öffnung von Hand. Fast unsichtbar gelingt das mit einem Nähgarn in der Stofffarbe und dem Blindstich.

1. Das Prinzip ist, von rechts nach links auf der Nahtzugabe zu heften. Als Hilfe können Sie die Kante mit einem Textilfilzstift anzeichnen oder mit dem Bügeleisen fixieren. Stechen Sie von unten durch den Riegel der rechten Naht und ziehen Sie den Faden bis zum Knoten durch. Stechen Sie in die untere Falte (Stoffteil B), und treten Sie mit einem Abstand von 2–3 mm wieder aus. Ziehen Sie den Faden an.

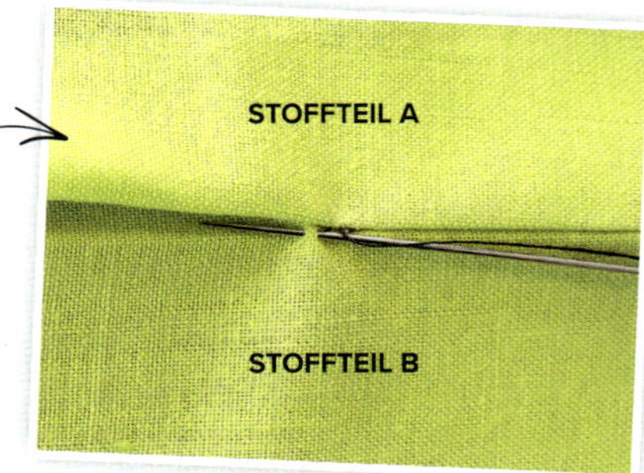

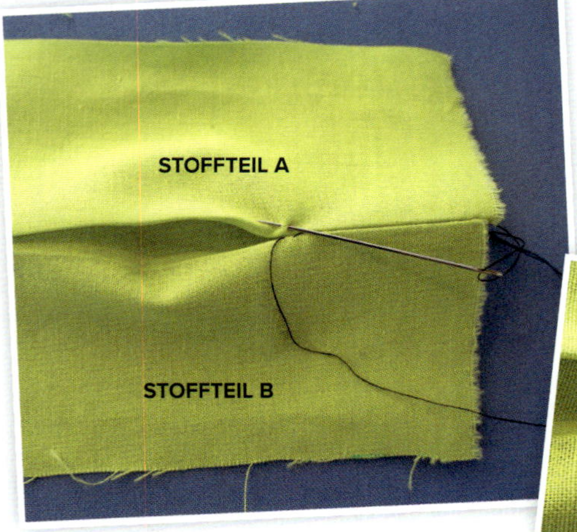

2. Stechen Sie nun abwechselnd in Stoffteil B und A. Führen Sie Stiche mit einer Länge von 2 bis 3 mm aus, und ziehen Sie den Faden etwas an.

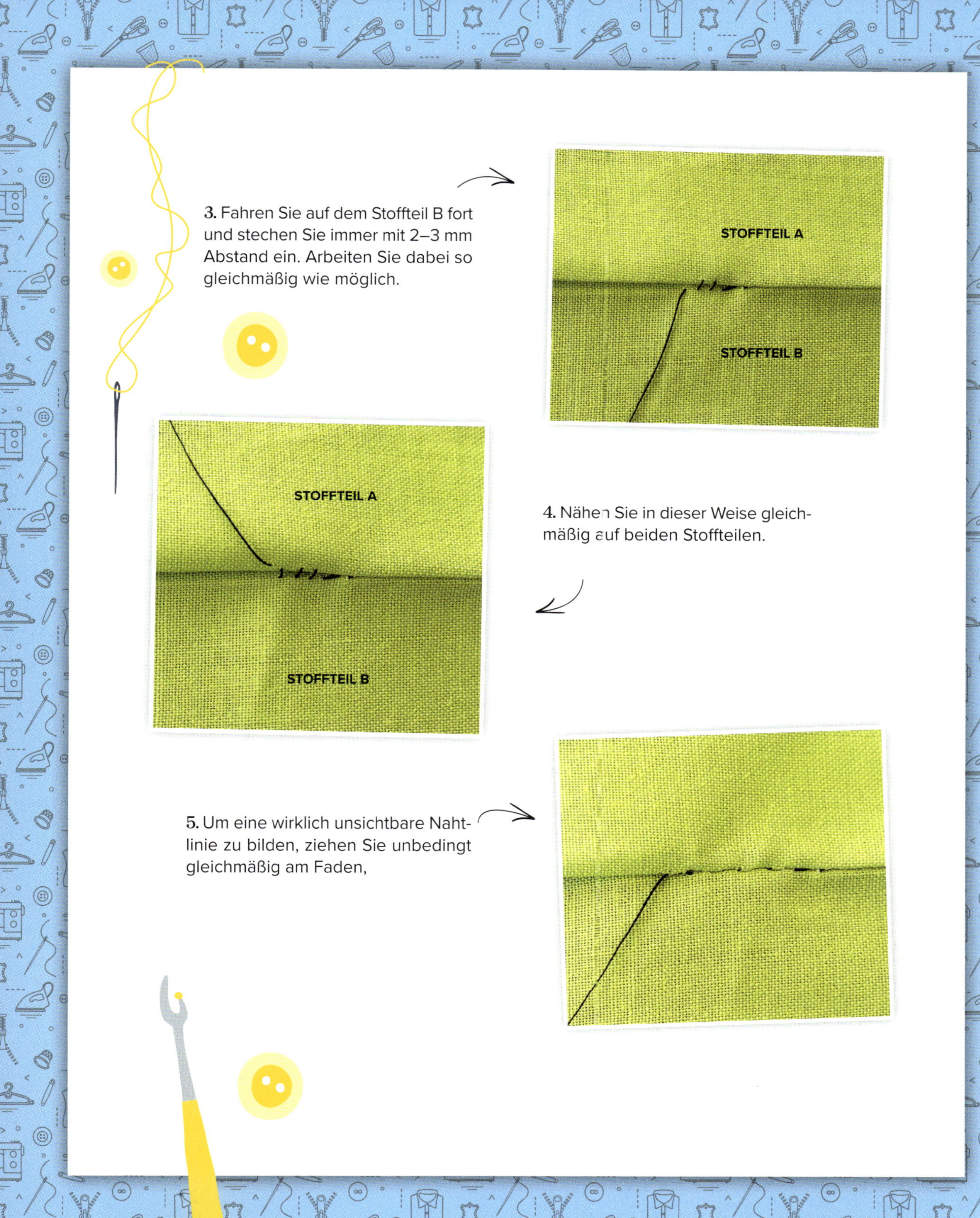

3. Fahren Sie auf dem Stoffteil B fort und stechen Sie immer mit 2–3 mm Abstand ein. Arbeiten Sie dabei so gleichmäßig wie möglich.

4. Nähen Sie in dieser Weise gleichmäßig auf beiden Stoffteilen.

5. Um eine wirklich unsichtbare Nahtlinie zu bilden, ziehen Sie unbedingt gleichmäßig am Faden,

FLICKEN:

Ich lerne nähen

BEIM REPARIEREN UND ÄNDERN

Um die Grundlagen des Nähens zu erlernen, übe ich an meiner Kleidung: Ich ändere sie ab! Ich lerne dabei nähen und gewinne Spaß daran, ohne mich zu überfordern!

SEHR LEICHT

Nähte RICHTIG AUFTRENNEN

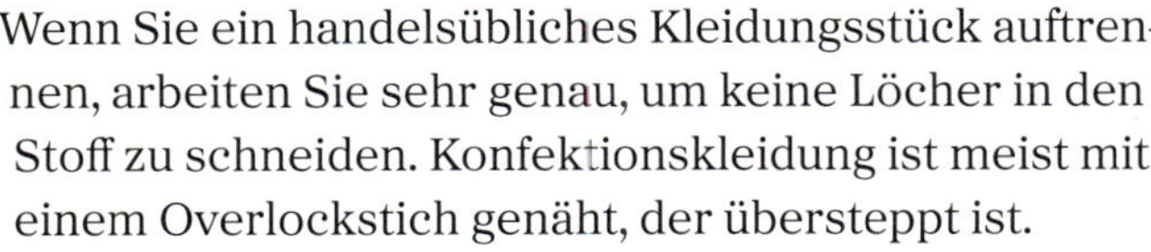

Wenn Sie ein handelsübliches Kleidungsstück auftrennen, arbeiten Sie sehr genau, um keine Löcher in den Stoff zu schneiden. Konfektionskleidung ist meist mit einem Overlockstich genäht, der übersteppt ist.

Verwenden Sie einen Fadenschneider. Ein Nahttrenner würde Sie dazu zwingen, an der Naht zu ziehen. Dadurch ziehen sich die Stiche zusammen, und das Auftrennen wird schwieriger.

1 Schieben Sie die spitzen Klingen des Fadenschneiders zwischen Stoff und Fäden. Die gezeigte Naht ist im Overlockstich genäht. Er verhindert, dass der Stoff ausfranst.

2 Durchtrennen Sie abwechselnd den Overlockfaden und den Faden der Steppnaht.

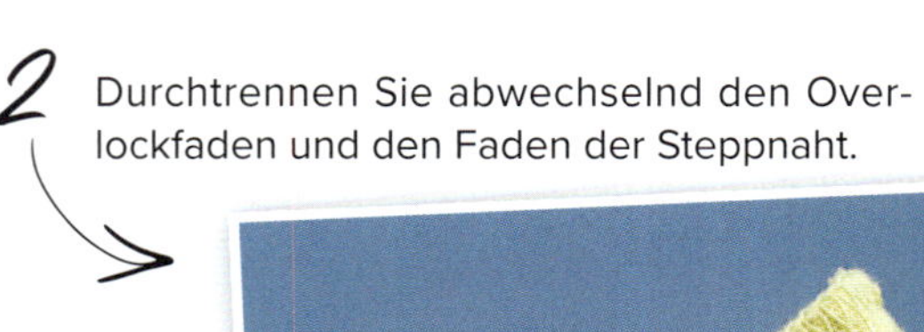

3 Wenn Sie sich 2 bis 3 cm vorangearbeitet haben, entsteht eine Öffnung in der Naht.

4 Schieben Sie den Zeigefinger der linken Hand durch das Nahtloch. So haben Sie beim Schneiden ein besseres Gespür für den Stoff und den Faden. Ziehen Sie die offene Naht mit viel Gefühl auseinander und durchtrennen Sie die Fäden nach und nach.

5 Ziehen Sie zum Auftrennen niemals am Faden, wenn mit einem Overlock- oder einem Zickzackstich genäht wurde. Sie würden dadurch nur den Stoff zusammenziehen, und die Naht würde sich nicht öffnen.

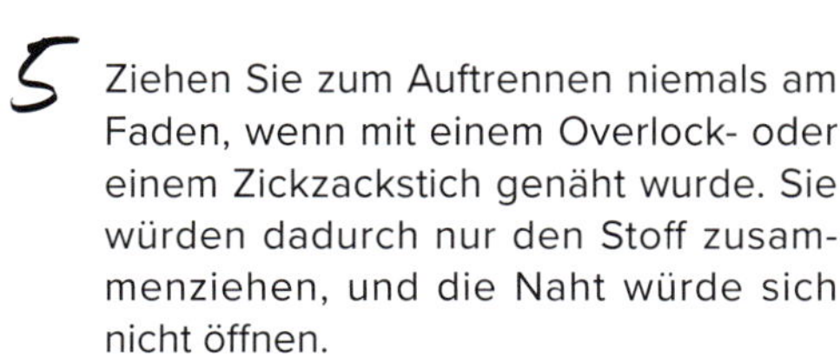

Bei dem beschriebenen Vorgehen dauert das Auftrennen nicht besonders lang.

Eine Heftnaht ist im Handumdrehen aufgetrennt: Einfach an einem Fadenende ziehen! Bei empfindlichen Stoffen ist allerdings auch hier die Arbeit mit dem Fadenschneider zu bevorzugen.

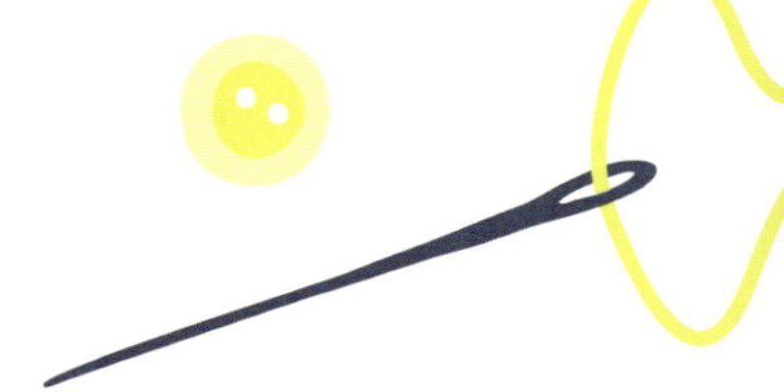

SEHR LEICHT

Offene Nähte WIEDER SCHLIESSEN

Eine Verbindungsnaht zu reparieren, ist unproblematisch. Steppen Sie auf der Nahtlinie über die Reparaturstelle hinweg. Der Riegel der Reparaturnaht entsteht durch das Übersteppen der vorhandenen Naht vor und nach der Reparaturstelle in derselben Farbe. Denken Sie daran, Ihren Geradstich auf 4 Stiche pro Zentimeter einzustellen (siehe Seite 22). Bei Reparaturnähten im Overlockstich werden keine Riegel gesetzt.

1 In diesem Beispiel befindet sich das Loch an einer Seitennaht. Es ist ganz einfach zu reparieren.

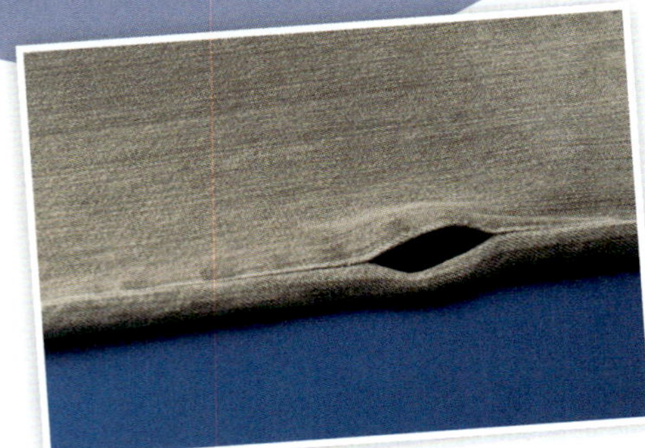

2 Wenn die Naht im Overlockstich noch nicht beschädigt ist, nähen Sie einfach auf der Steppnaht.

3 Stechen Sie mit der Nadel etwa 2 cm vom Loch entfernt exakt in die Nahtlinie ein.

4 Prüfen Sie, ob die Nadel auf der anderen Seite des Stoffes an der richtigen Stelle wieder herauskommt. Das ist wichtig, denn es kann vorkommen, dass sich die Stofflagen durch die Transporteure gegeneinander verschieben. Dadurch kann auf der rechten Seite eine Falte entstehen.

5 Nähen Sie gerade, in der Regel 1 cm von der Stoffkante entfernt.

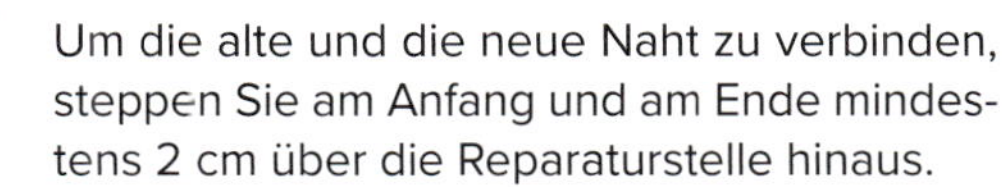

6 Um die alte und die neue Naht zu verbinden, steppen Sie am Anfang und am Ende mindestens 2 cm über die Reparaturstelle hinaus.

7 Die neue Naht ist sauber und geht sehr schnell. Ziehen Sie die Fäden auf die linken Seite und verknoten Sie sie.

8 Wenn auf der rechten Seite ein Faden überstehen sollte, ziehen Sie vorsichtig daran und schneiden ihn dann mit einem Fadenschneider bündig mit dem Stoff ab.

9 Das Kleidungsstück ist repariert und sieht aus wie neu. Die Stelle, an der sich zuvor der Riss in der Naht befunden hat, ist nicht mehr zu erkennen.

SEHR LEICHT

Einen doppelten Saum nähen, UM KLEIDUNG ZU KÜRZEN

Wenn Sie ein Kleidungsstück kürzen möchten, nähen Sie einen neuen Saum, das ist nicht kompliziert. Ziehen Sie das Kleidungsstück und die Schuhe an, die Sie normalerweise dazu tragen. Vergewissern Sie sich zuerst, dass der aktuelle Saum wirklich gerade fällt. Ist dies der Fall, messen Sie von unten ab, um wie viel gekürzt werden muss. Die richtige Rock- oder Hosenlänge hängt ab von Ihren persönlichen Wünschen und von aktuellen Modetrends. Die Länge eines Kleidungsstücks verändert auch seinen Fall.

1 Diese Hose soll um 17 cm gekürzt werden. Zeichnen Sie mit dem Markierungsstift auf der linken Seite 17 cm vom unteren Rand eine Hilfslinie.

2 Der Saum besteht aus zwei Umschlägen. Nach dem Nähen ist der sichtbare Umschlag 2–3 cm hoch. Zeichnen Sie mit dem Markierungsstift eine zweite Linie im Abstand von 3 cm unterhalb der ersten Linie. Nun zeichnen Sie eine dritte Linie 1 cm unterhalb der zweiten Linie. Sie markiert die Höhe, an der der Stoff abgeschnitten werden muss.

3 Schneiden Sie den unteren Teil des Kleidungsstücks sorgfältig ab.

4 Die beiden noch sichtbaren Linien markieren die Knickfalten für die Umschläge.

5 Führen Sie den ersten Umschlag aus, und fixieren Sie den Stoffbruch mit dem Bügeleisen. Wenn der Stoff empfindlich ist, denken Sie daran, ihn mit einem Blatt Pergamentpapier zu schützen.

6 Führen Sie entlang der obersten Markierungslinie den zweiten Umschlag aus. Stecken Sie den Saum fest. Stellen Sie sicher, dass Sie Stecknadeln verwenden, deren Köpfe beim Bügeln nicht schmelzen.

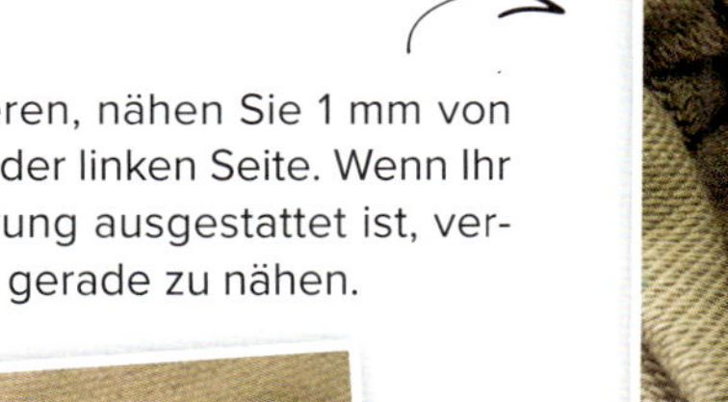

7 Um den Saum zu fixieren, nähen Sie 1 mm von der Kante entfernt auf der linken Seite. Wenn Ihr Nähfuß mit einer Führung ausgestattet ist, verwenden Sie diese, um gerade zu nähen.

8 Es ist wichtig, dass Sie die überstehenden Fäden immer abschneiden, nachdem Sie eine Naht beendet haben. Auf der linken Seite des Stoffes ist der Saum richtig genäht.

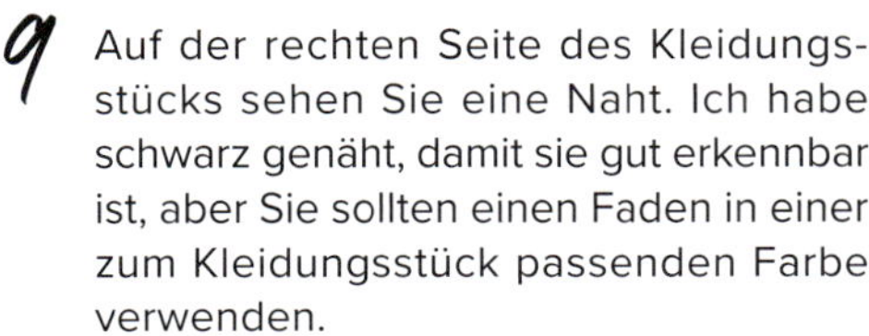

9 Auf der rechten Seite des Kleidungsstücks sehen Sie eine Naht. Ich habe schwarz genäht, damit sie gut erkennbar ist, aber Sie sollten einen Faden in einer zum Kleidungsstück passenden Farbe verwenden.

SEHR LEICHT

Einen Saum mit Schrägband nähen, UM KLEIDUNG ZU KÜRZEN

Ein Saum kann auch mithilfe eines Schrägbands umgenäht werden. Dieses sollte dieselbe Stofffarbe wie das Kleidungsstück haben. Bei dieser Technik wird das Schrägband so an der Stoffkante angebracht, dass es von rechts unsichtbar bleibt. Mit Schrägband lassen sich übrigens auch ganz einfach runde Ausschnitte einfassen. Schrägband gibt es fertig zu kaufen, Sie können es aus dem Stoff Ihrer Wahl aber auch selbst herstellen.

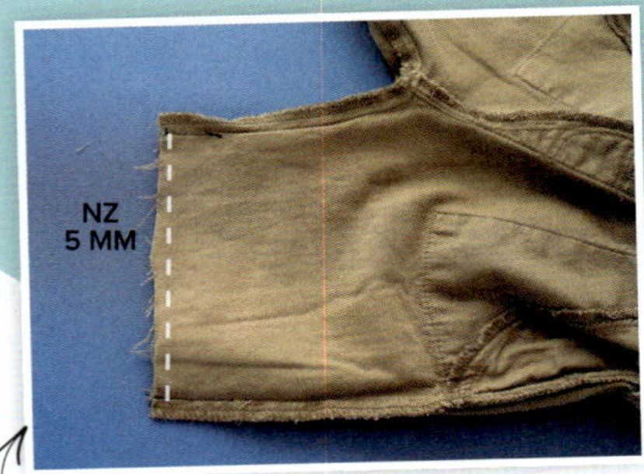

1 Bestimmen Sie die Länge, die Sie am Kleidungsstück kürzen möchten, und ziehen Sie davon 5 mm als Nahtzugabe ab. Diese wird benötigt, um das Schrägband annähen zu können. Bei einer Kürzung von 17 cm ziehen Sie also bei 16,5 cm von unten gemessen mit dem Markierstift eine Linie. Dieser entlang den Stoff abschneiden.

2 Wenden Sie das Kleidungsstück auf rechts. Öffnen Sie das Schrägband, legen Sie die rechte Seite des Schrägbands entlang der Schnittkante auf die rechte Seite des Kleidungsstücks. Stecken Sie es mit Nadeln fest, aber fixieren Sie die ersten 4 cm des Schrägbands nicht.

3 Beginnen Sie die Naht an der Stelle, an der das Schrägband festgesteckt ist, mit einem Riegel, und nähen Sie mit 5 mm Abstand von der Stoffkante. Stoppen Sie 5 cm vor dem Beginn Ihrer Naht.

4 Markieren Sie mit einem auswaschbaren Markierungsstift wie gezeigt einen Punkt auf der rechten Seite des Kleidungsstücks, um Anfang und Ende des Schrägbands dort zu verbinden.

5 Markieren Sie die entsprechenden Punkte auf beiden Enden des Schrägbands. Legen Sie dafür nacheinander beide Enden über die markierte Stelle auf dem Stoff und übertragen Sie deren Position.

6 Stecken Sie die Schrägbandenden genau an ihren Markierungen aneinander fest. Dies dient der Überprüfung der Position. Schieben Sie dann den Stoff Ihres Kleidungsstücks ein wenig zurück.

7

Nähen Sie auf der Linie, die Sie markiert und mit der Stecknadel fixiert haben. Denken Sie daran, am Anfang und am Ende der Naht Riegel zu setzen. Für diese Naht sollten Sie ein Garn in der Farbe des Schrägbands verwenden.

8 Jetzt schneiden Sie das überschüssige Schrägband 5 mm von Ihrer neuen Naht ab. Bügeln Sie die Stoffenden auseinander.

9

Nehmen Sie die Naht wieder auf, und nähen Sie am Anfang und Ende einen Riegel.

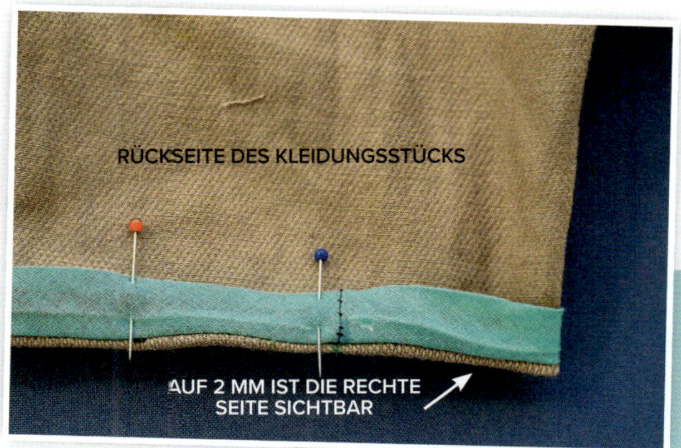

10 Wenn der erste Teil des Schrägbands befestigt ist, wenden Sie das Kleidungsstück auf die linke Seite. Schlagen Sie die Unterkante so um, dass das Schrägband nicht mehr sichtbar ist.

11 Dazu lassen Sie 2 mm Stoff auf der linken Seite überstehen. Fixieren Sie den Umschlag mit Stecknadeln und mit dem Bügeleisen.

EINEN SAUM MIT SCHRÄGBAND NÄHEN, UM KLEIDUNG ZU KÜRZEN (FORTSETZUNG)

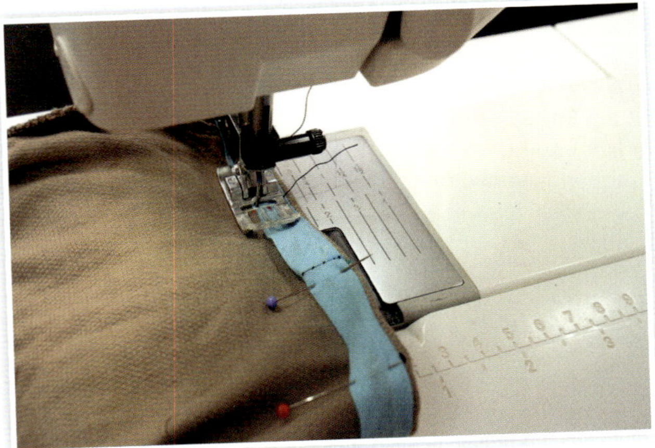

12 Steppen Sie auf der linken Seite des Kleidungsstücks etwa 1 mm von der Oberkante des Schrägbands entfernt. Auf der rechten Seite des Kleidungsstücks entsteht dadurch eine sichtbare Naht. Damit die Naht gut aussieht, sollten Sie keine Riegel setzen, sondern die Fäden nach links durchziehen und verknoten.

13 Auf der linken Seite des Kleidungsstücks sieht man das Schrägband, das bei Ihnen natürlich farblich zum Kleidungsstück passt. Ein solcher Saum trägt bei kräftigeren Stoffen nicht auf und verändert nicht den Fall des Kleidungsstücks.

14 Auf der rechten Seite sehen Sie eine einfache Naht. Bei Ihrem Kleidungsstück sollte sie dann natürlich dieselbe Farbe wie der Stoff haben.

SEHR LEICHT

Einen Umschlag nähen, UM KLEIDUNG ZU VERLÄNGERN

Sie können ein Kleidungsstück – hier eine Hose – mit einem Umschlag verlängern. Dazu verwenden Sie ein zusätzliches Stück Stoff in einer ähnlichen oder anderen Farbe. Dieses sollte eine gewisse Festigkeit besitzen. Trennen Sie zuerst den Saum des Kleidungsstücks auf, um mehr Länge zu gewinnen. Wenn der Stoff abgenutzt oder verzogen ist, schneiden Sie ihn an der früheren Kante ab. Bestimmen Sie dann die Länge, die Sie hinzufügen möchten. Die Höhe des für den Umschlag benötigten Stoffes wird folgendermaßen errechnet: die gewünschte Verlängerung mal 3 zuzüglich 2-mal 1 cm Nahtzugabe.

1 Wenden Sie das Kleidungsstück auf links. Nachdem Sie die Saumnaht aufgetrennt oder abgeschnitten haben, messen Sie den Umfang des unteren Teils des Kleidungsstücks, ohne den Stoff zu dehnen. Schneiden Sie jetzt ein Stück Stoff mit den ermittelten Maßen zu.

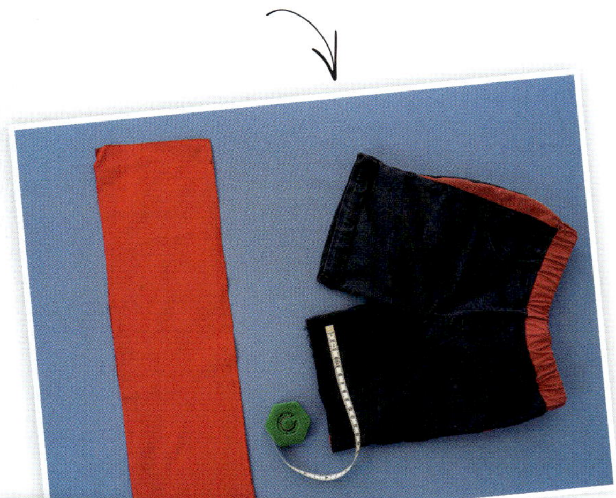

2 Das Zusammennähen der beiden Enden des Umschlagstoffs erfolgt am besten an der inneren senkrechten Naht. Legen Sie den Umschlagstoff links auf links so auf das Kleidungsstück, dass die beiden Enden bei der inneren Seitennaht liegen, und fixieren Sie ihn mit Stecknadeln. Zeichnen Sie auf der linken Seite des Umschlags eine Nahtzugabe von ca. 7 cm an, und beginnen Sie ca. 3 cm von der Seitennaht entfernt zu steppen. Steppen Sie im Abstand von 1 cm zur Kante.

3 Legen Sie nacheinander die beiden Seiten des Umschlagstoffs auf die Seitennaht und setzen Sie Markierungen, wie beim Schrägband auf S. 42 in Schritt 4 und 5 beschrieben.

4 Ziehen Sie an jedem Ende des Umschlagstoffs eine senkrechte Linie von der Markierung aus, die Sie gerade angezeichnet haben.

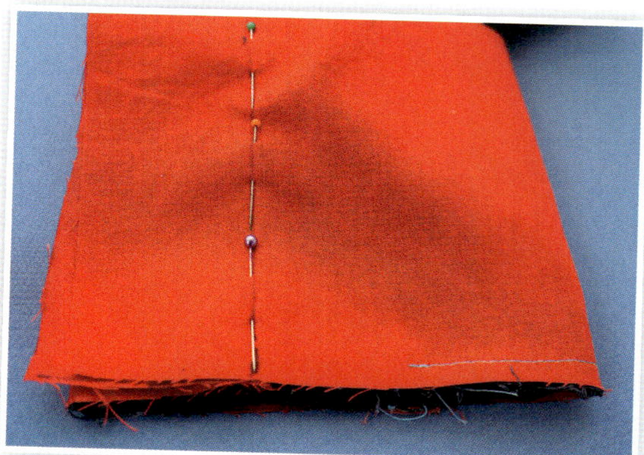

5 Legen Sie die beiden Enden des Umschlagstoffs rechts auf rechts gegeneinander und zwar so, dass die Linien übereinander liegen. Fixieren Sie den Umschlag in dieser Position zuerst mit Stecknadeln und dann mit Heftstichen.

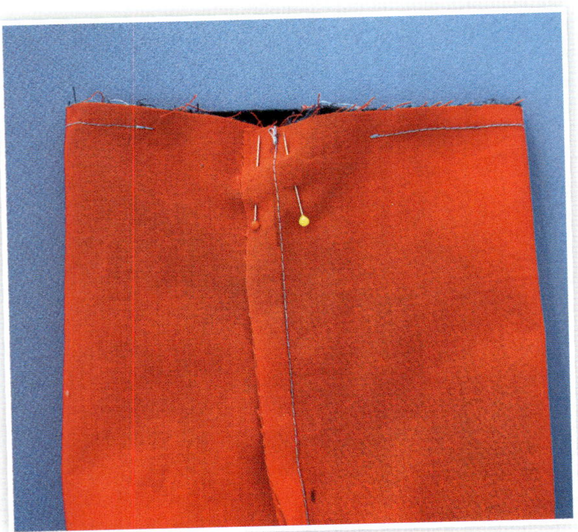

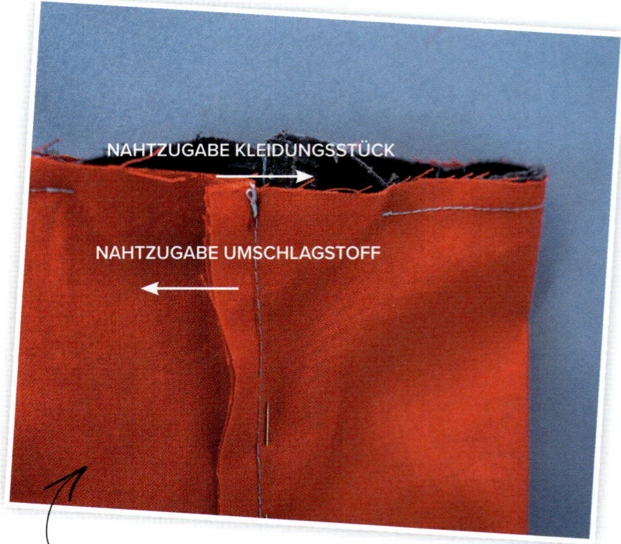

6 Nachdem Sie überprüft haben, dass der Umschlag das Kleidungsstück perfekt umfasst, nähen Sie die Enden des Umschlagstoffs wie geheftet zusammen. Messen Sie von der Naht aus 1 cm Nahtzugabe ab, und schneiden Sie überschüssigen Stoff ab.

7 Schauen Sie nach, in welche Richtung die Nahtzugabe Ihres Kleidungsstücks liegt, und legen Sie die Nahtzugabe des Umschlags in die Gegenrichtung.

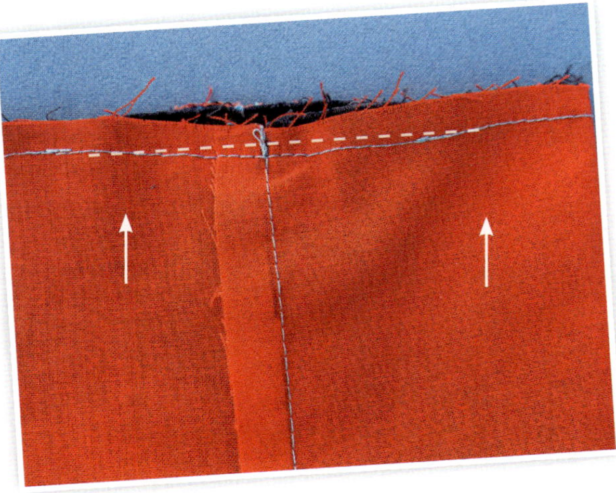

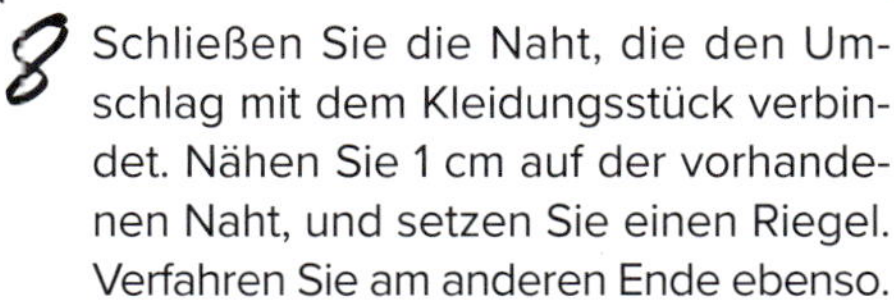

8 Schließen Sie die Naht, die den Umschlag mit dem Kleidungsstück verbindet. Nähen Sie 1 cm auf der vorhandenen Naht, und setzen Sie einen Riegel. Verfahren Sie am anderen Ende ebenso.

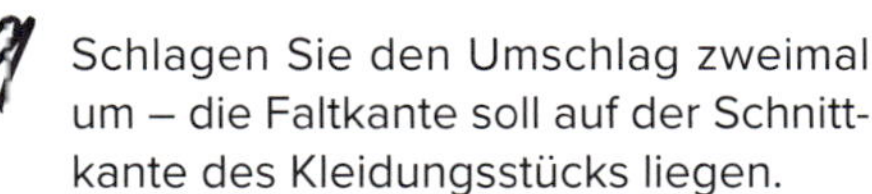

9 Schlagen Sie den Umschlag zweimal um – die Faltkante soll auf der Schnittkante des Kleidungsstücks liegen.

10 Ich empfehle Ihnen, die Schnittkante des Kleidungsstücks zu versäubern. Nähen Sie 1 cm vom Rand entfernt auf der linken Seite des Kleidungsstücks.

11 Wenden Sie das Kleidungsstück auf rechts, und schlagen Sie den Umschlag nach außen um. Seine Unterkante soll jetzt über der Naht liegen. Nähen Sie auf der Nahtlinie eine Steppnaht.

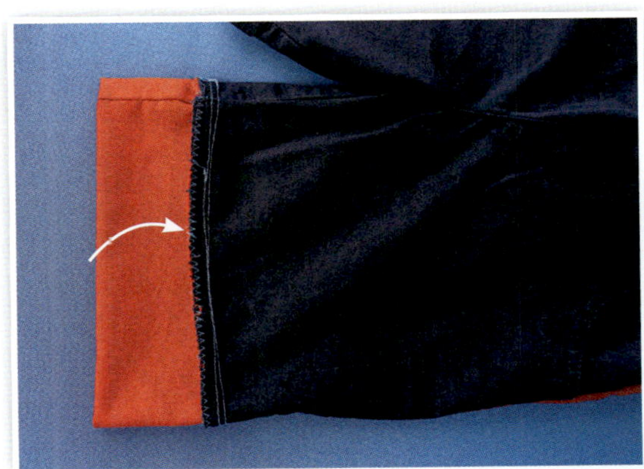

EINEN UMSCHLAG NÄHEN, UM KLEIDUNG ZU VERLÄNGERN (FORTSETZUNG)

12 Schlagen Sie den Umschlag erneut um. Damit er nicht verrutscht, stecken Sie ihn wie gezeigt mit Stecknadeln an vier Stelle fest und bügeln ihn an.

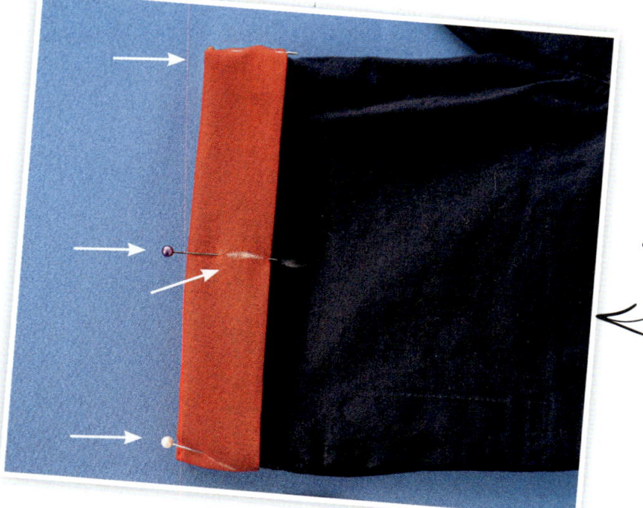

13 Die richtigen Positionen sind an den beiden Seitennähten und jeweils in der Mitte von Vorder- und Rückteil. Zeichnen Sie nun mit dem Markierstift senkrechte Linien an den Stellen, an denen Stecknadeln sitzen. Drehen Sie diese vor dem Nähen um 90 Grad.

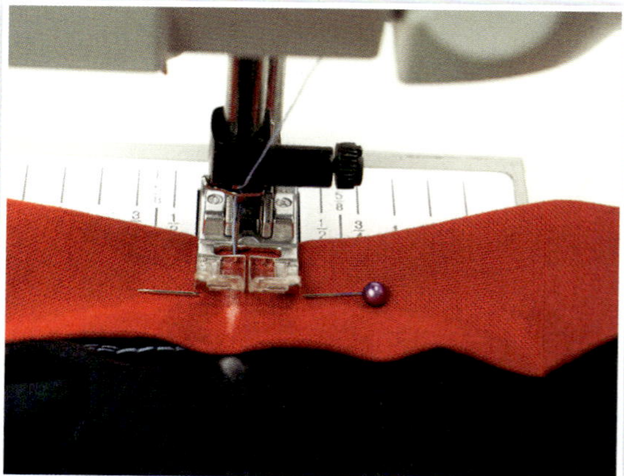

14 Nähen Sie nun den Umschlag mit senkrechten Nähten auf den markierten Linien fest. Diese Nähte halten den Umschlag stets in der richtigen Position.

Hinweis

Vielleicht möchten Sie die Umschläge eines Kleidungsstücks erneuern, weil sie abgenutzt sind oder weil Sie Lust auf eine optische Veränderung haben. Wenn das Kleidungsstück gerade geschnitten ist, ist das ganz einfach.

Hat der untere Teil Ihres Kleidungsstücks aber eine Trapezform, dann muss auch der Umschlag daran angepasst werden. Trennen Sie den alten Umschlag ab, und nehmen Sie ihn als Modell für das Schnittmuster.

SEHR LEICHT

Die Nahtzugabe nutzen, UM KLEIDUNG WEITER ZU MACHEN

Im Bereich der Konfektionskleidung werden manche Kleidungsstücke mit einer geraden Naht in 1 cm Abstand vom Rand genäht. Die Stoffkanten sind dann meist mit einem Overlockstich vor dem Ausfransen geschützt. In solchen Fällen können Sie einige Zentimeter an Weite gewinnen, indem Sie die Nahtzugabe nutzen..

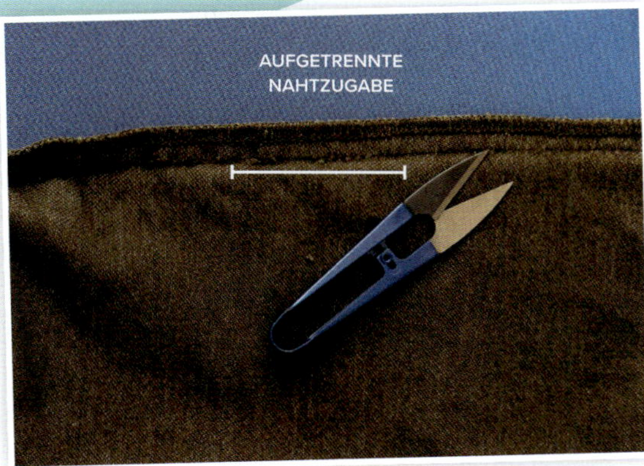

1 Trennen Sie das Kleidungsstück an den Stellen vorsichtig auf, an denen Sie mehr Bewegungsfreiheit benötigen (siehe Seite 36/37). Sie können je nachdem, was für ein Kleidungsstück Sie weiter machen wollen, von der Hüfte bis zur Mitte des Oberschenkels oder von der Hüfte bis zum Armausschnitt sowie vom Armausschnitt bis zur Mitte des Ellenbogens auftrennen.

2 Am Stoff sollte kein Verschleiß sichtbar sein. Überprüfen Sie dies auf der rechten Seite des Kleidungsstücks. Wenn alles in Ordnung ist, wenden Sie das Kleidungsstück wieder auf links und bügeln die aufgetrennten Bereiche glatt.

3 Um einige Zentimeter zu gewinnen, beginnen Sie die neue Naht auf der alten Naht mit einem Riegel. Dann nähen Sie wie gezeigt in einem leichten Bogen bis nah an die Stoffkante und setzen Ihre Naht dort fort. Beenden Sie sie mit einem Riegel. Zum Schluss bügeln Sie die Naht.

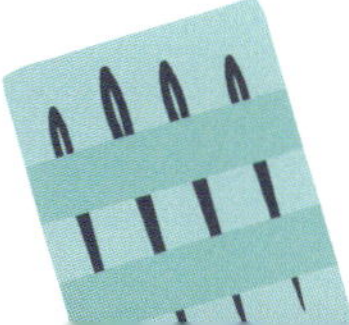

Eine kurze Hose weiter machen MIT RECHTECKIGEN STOFFSTÜCKEN

SEHR LEICHT

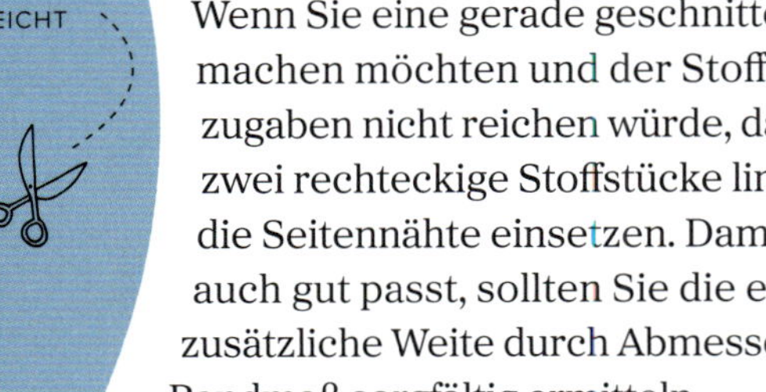

Wenn Sie eine gerade geschnittene Hose weiter machen möchten und der Stoff aus den Nahtzugaben nicht reichen würde, dann können Sie zwei rechteckige Stoffstücke links und rechts in die Seitennähte einsetzen. Damit das Resultat auch gut passt, sollten Sie die erforderliche zusätzliche Weite durch Abmessen mit dem Bandmaß sorgfältig ermitteln.

1 Trennen Sie die beiden Seitennähte des Kleidungsstücks vorsichtig über die gesamte Länge auf.

2 Ermitteln Sie, wie viel zusätzliche Weite Sie benötigen, und teilen Sie den ermittelten Betrag durch zwei. Nun rechnen Sie jeweils 2 cm für die Nahtzugabe hinzu. In diesem Beispiel erweitere ich die Shorts um insgesamt 6 cm, also um 3 cm auf jeder Seite. Dafür benötige einschließlich der Nahtzugaben 2 Stoffstreifen in der Breite von 5 cm. Der Stoffstreifen sollte deutlich länger sein als die Gesamtlänge der Hose, damit Bund und Saum daraus gebildet werden können. Zeichnen Sie mit dem Markierstift die beiden Streifen auf den Stoff auf, und schneiden Sie sie zu.

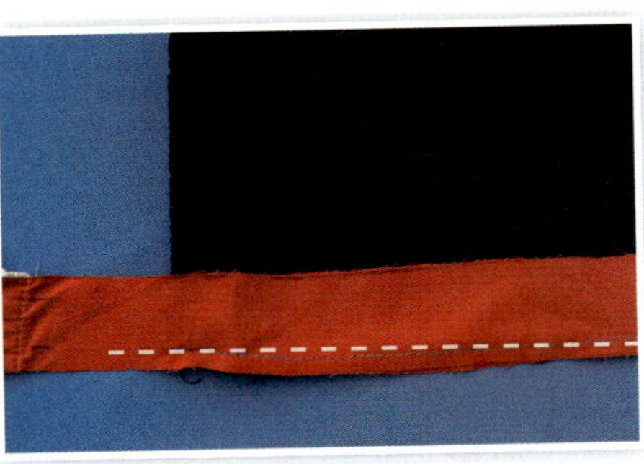

3 Legen Sie die rechte Seite eines Stoffstreifens gegen die rechte Seite des Kleidungsstücks und nähen Sie 1 cm von der Kante entfernt. Vergessen Sie nicht, am Anfang und am Ende der Naht einen Riegel zu setzen.

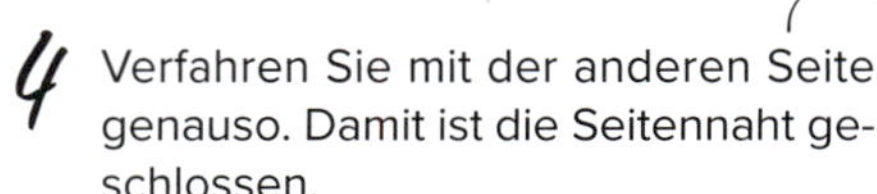

4 Verfahren Sie mit der anderen Seite genauso. Damit ist die Seitennaht geschlossen.

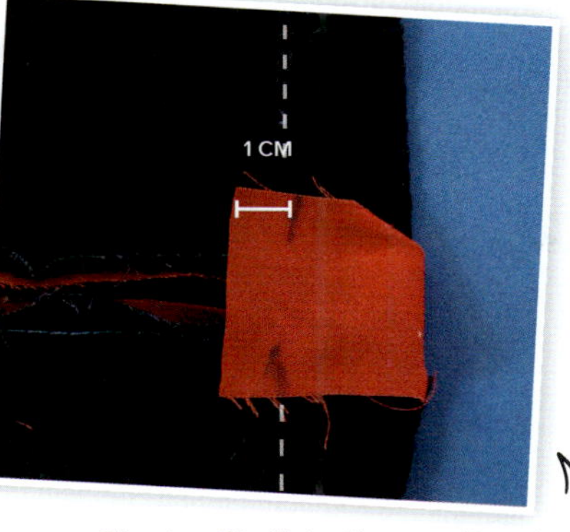

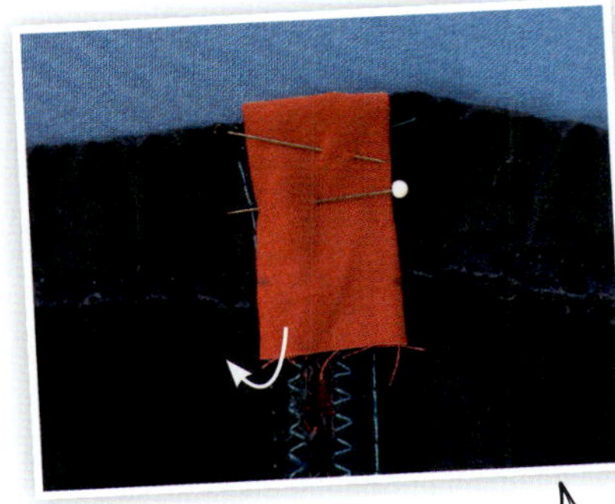

5 Um zu verhindern, dass die Stoffkanten ausfransen, versäubern Sie diese mit einem Overlock- oder einem Zickzackstich.

6 Klappen Sie den Stoffstreifen am Bund auf die linke Seite um. Markieren Sie auf dem Streifen die Naht des Bundes und schneiden Sie 1 cm unterhalb ab. Wiederholen Sie den Vorgang am Saum.

7 Schlagen Sie beide Enden des Stoffstreifens um die Nahtzugabe (1 cm) um.

10 Steppen Sie dann 1 mm vom Rand entfernt mit einem gleichfarbigen Faden ab. Stellen Sie Ihren Stich dazu enger ein und nähen Sie am Anfang und Ende der Naht einen Riegel. Wenn Ihre Maschine die Naht nicht starten kann, weil der Stoff zu dick ist, legen Sie als Höhenausgleich ein kleines, gepolstertes Kissen unter den Nähfuß (siehe Seite 18).

8 Fixieren Sie den Stoffstreifen mit Stecknadeln an Bund und Saum.

9 Damit Sie einen sauberen Abschluss bekommen, heften Sie den Streifen mit großen Stichen an, bevor Sie steppen.

11 Die erste Erweiterung der Hose ist damit fertig. Wiederholen Sie diesen Vorgang nun auf der zweiten Seite. Zum Schluss sollten die neuen Nähte glattgebügelt werden.

Eine kurze Hose weiter machen

MIT EINEM V-FÖRMIGEN STOFFSTÜCK

LEICHT

Um ein Kleidungsstück weiter zu machen, kann man ein Stoffstück einfügen, dessen abschließende Form ein Dreieck ist. Sie können von einem rechteckigen Streifen ausgehen, wie unten abgebildet, aber auch von einer Dreiecksform, vor allem, wenn Sie die hintere Mitte eines Kleidungsstücks erweitern möchten. Zur Ermittlung der Größe des Stoffstücks folgen Sie der Anleitung in Schritt 2 auf Seite 50.

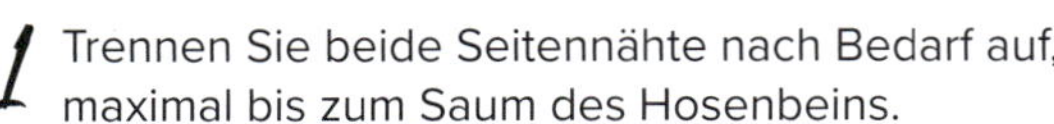

1 Trennen Sie beide Seitennähte nach Bedarf auf, maximal bis zum Saum des Hosenbeins.

2 Versäubern Sie eine Schmalseite des Stoffstreifens, um zu verhindern, dass der Stoff ausfranst.

3 Legen Sie die rechte Seite des Streifens so auf die rechte Seite der aufgetrennten Naht des Kleidungsstücks, dass eine Nahtzugabe oberhalb der dreieckig geöffneten Naht liegt. Nähen Sie 1 cm von der Kante des Streifens entfernt, um einen schönen Abschluss zu erzielen. Denken Sie auch daran, am Anfang und am Ende der Naht Riegel zu setzen.

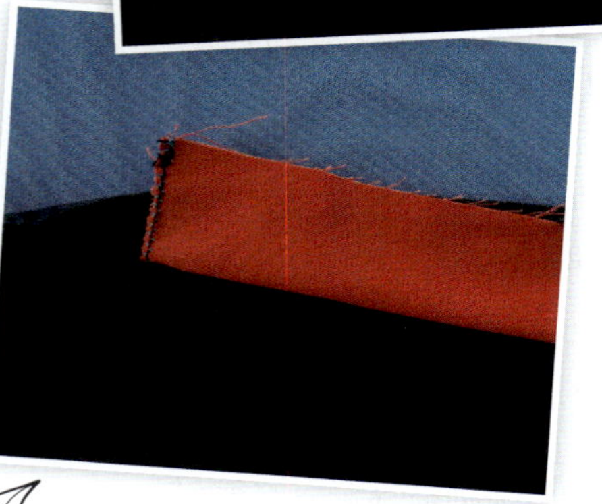

4 Wenden Sie die Näharbeit auf die rechte Seite, um zu prüfen, ob der Stoffstreifen richtig positioniert ist.

5 Setzen Sie eine Markierung auf der anderen Seite der aufgetrennten Naht direkt gegenüber Ihrer neuen Naht. Dies wird die Spitze des Stoffdreiecks.

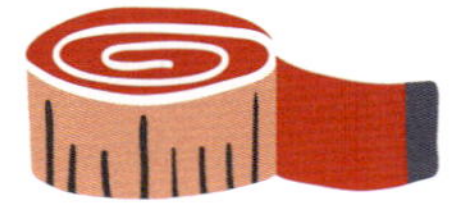

6 Stecken Sie jetzt den Stoffstreifen an der anderen Seite der aufgetrennten Naht fest. An der Stelle, an der Sie die Spitze des Dreiecks erhalten, stechen Sie die Nadel auf dem Riegel der Naht ein, die Sie gerade genäht haben. Starten Sie wieder mit einem Riegel.

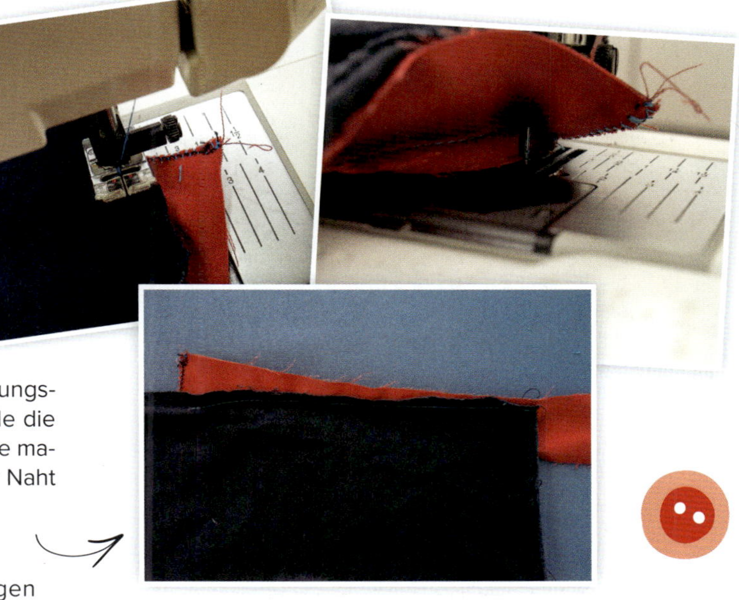

7 Nähen Sie die neue Seitennaht des Kleidungsstücks nach oben – Sie erreichen am Ende die Stelle, an der das v-förmige Stoffstück seine maximale Breite hat. Setzen Sie am Ende der Naht einen Riegel.

8 Schneiden Sie seitlich den überschüssigen Stoff am Streifen ab, und versäubern Sie mit dem Overlock- oder dem Zickzackstich.

9 Ihre beiden Nähte sind versäubert. Auf der linken Seite sollte diese Naht zu sehen sein. An der Spitze sitzen beide Riegel an derselben Stelle.

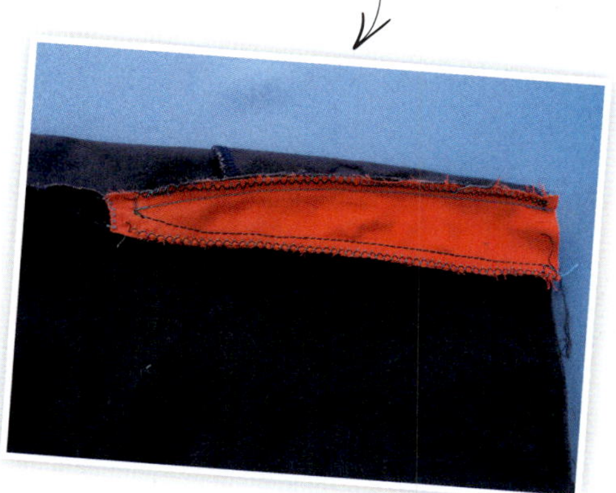

10 Steppen Sie den Teil von der Spitze her ab. In diesem Beispiel habe ich eine Nahtwiederaufnahme mit Verriegelungsstichen vorgenommen. Es ist wichtig, die Stoffe wie hier gezeigt zu platzieren, der Streifen ist eingezogen. Beenden Sie die Naht an der Spitze, also kurz vor der blauen Naht.

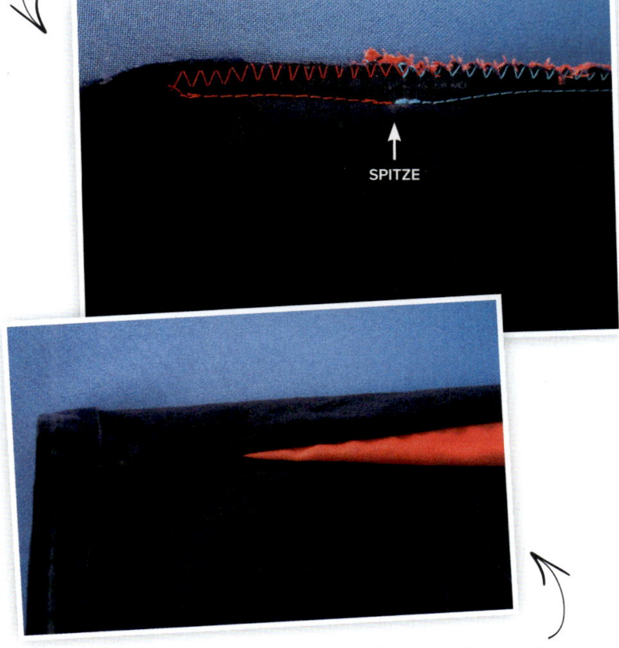

11 Wenden Sie das Kleidungsstück auf rechts. Die Erweiterung ist fest eingefügt, die Spitze ist perfekt. Schließen Sie nun den Bund wie auf S. 51 in den Schritten 6 bis 10 beschrieben.

Einen Hosenbund enger machen

LEICHT

MIT TUNNELZUG UND GUMMIBAND

Mithilfe eines Gummibands können Sie ein Kleidungsstück, das für Ihre Taille zu weit ist, unkompliziert passend machen. Hier erfahren Sie, wie Sie ganz einfach einen Tunnelzug nähen. Bevorzugen Sie ein Stoffgummiband. Es ist stabiler und verdreht sich nicht. Außerdem bleibt es elastisch, wenn man darübernäht. Die Breite des Gummibands richtet sich nach der Höhe des Tunnelzugs. Das Gummiband braucht etwas Spiel, daher sollte der Tunnelzug 0,5 cm breiter sein. Messen Sie den oberen Umfang des Kleidungsstücks. Das Gummiband sollte ein Drittel kürzer sein. In diesem Beispiel ist der obere Umfang des Kleidungsstücks 66 cm, also sollte das Gummiband 44 cm lang sein. Seine Breite beträgt 2 cm.

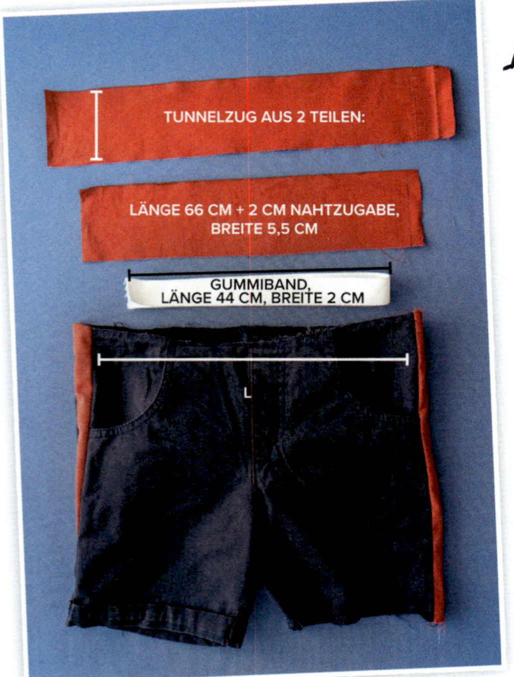

1 Trennen Sie den Hosenbund ab. Messen Sie den Umfang des Kleidungsstücks, wobei Sie eine Naht als Anfangspunkt nehmen. Im Beispiel ist die Mitte des Kleidungsstücks der Anfangspunkt, und der gemessene Umfang beträgt 66 cm. Der Umfang entspricht der Länge des Bunds.

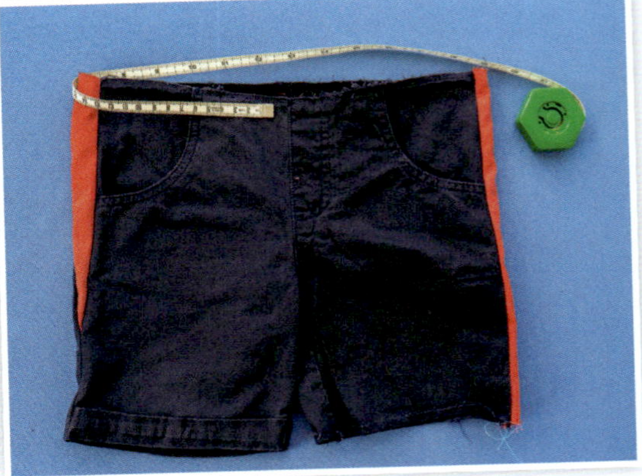

2 Mein Bund besteht aus zwei Teilen: Der kürzere Teil ist 29 cm lang, die andere Länge beträgt 37 cm. Ich habe in der Breite 0,5 cm Spiel gelassen und 1 cm Nahtzugabe hinzugerechnet.

Die Breite des Stoffstreifens für den Bund errechnet sich wie folgt:

Doppelte Breite des Gummibands plus Spielraum plus doppelte Nahtzugabe 2 × 2 cm + 1 × 0,5 cm + 2 × 0,5 cm = 5,5, cm

3 Als Erstes nähen Sie die beiden Stoffstreifen an den schmalen Seiten zusammen, und zwar 0,5 cm von der Stoffkante entfernt.

4 Bügeln Sie beide Nahtzugaben in dieselbe Richtung. Das ist wichtig, damit Sie später das Gummiband leicht durchziehen können. Fixieren Sie die Nahtzugabe durch eine zweite Naht im Abstand von 2 bis 3 mm von der ersten.

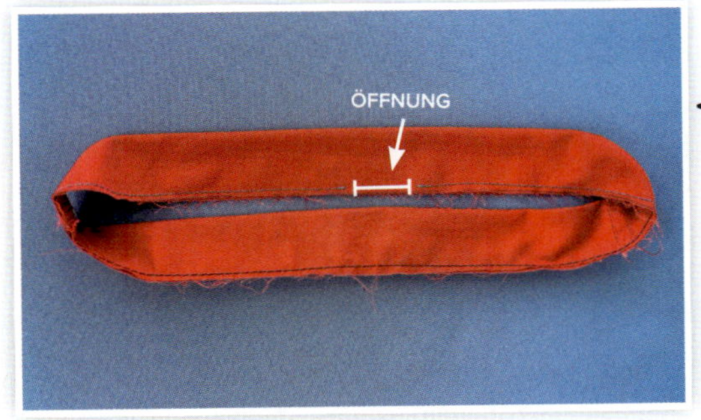

5 Falten Sie den Bund der Länge nach in der Mitte, sodass der Stoff links auf links liegt, und steppen Sie mit langen Stichen 5 mm von der Kante entfernt. Lassen Sie eine Öffnung von 3 cm, die Sie am Anfang und am Ende der Naht mit Riegeln sichern. Stecken Sie den Bund an Ihrem Kleidungsstück fest, um sicherzustellen, dass er passt, und nehmen Sie ihn wieder ab.

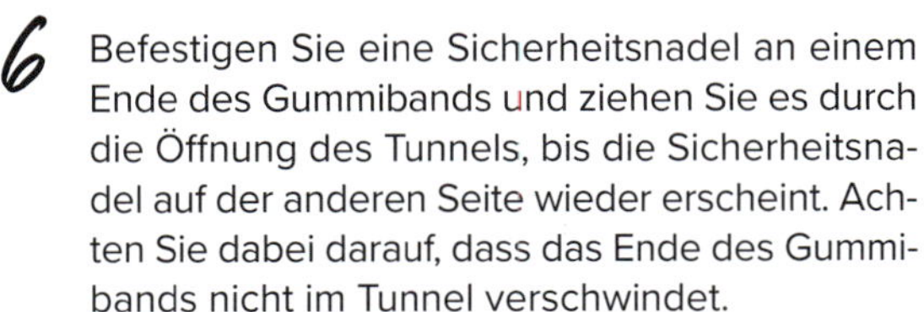

6 Befestigen Sie eine Sicherheitsnadel an einem Ende des Gummibands und ziehen Sie es durch die Öffnung des Tunnels, bis die Sicherheitsnadel auf der anderen Seite wieder erscheint. Achten Sie dabei darauf, dass das Ende des Gummibands nicht im Tunnel verschwindet.

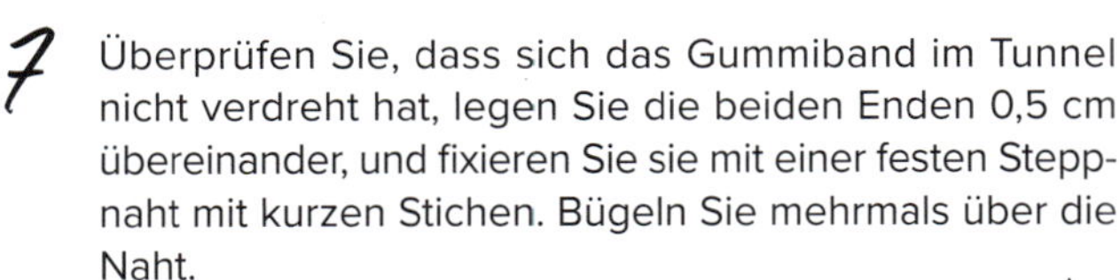

7 Überprüfen Sie, dass sich das Gummiband im Tunnel nicht verdreht hat, legen Sie die beiden Enden 0,5 cm übereinander, und fixieren Sie sie mit einer festen Steppnaht mit kurzen Stichen. Bügeln Sie mehrmals über die Naht.

8 Stecken Sie die rechte Seite des Bunds auf der rechten Seite des Kleidungsstücks fest. Das ist ein bisschen kniffelig, weil Sie das Gummiband dabei dehnen müssen.

9 Nähen Sie den Bund mit einem normalen Geradstich fest. Stellen Sie die Stichlänge so ein, dass 4 Stiche pro Zentimeter genäht werden. Nähen Sie 1 cm von der Kante entfernt.

10 Beenden Sie die Naht mit einem Riegel. Jetzt versäubern Sie die Schnittkanten von Kleidungsstück und Bund in einem Schritt mit dem Overlock- oder einem Zickzackstich.

11

Übersteppen Sie auf der linken Seite etwa 5 mm von der Nahtlinie entfernt die Overlock- bzw. Zickzacknaht. Benutzen Sie beide Hände, um den Stoff mitzunehmen. Beginnen Sie mit dem Nähen am Rücken.

12 Nähen Sie am Ende der Naht ein Stück über den Nahtanfang, und setzen Sie keine Riegel, denn diese wären auf der rechten Seite sichtbar.

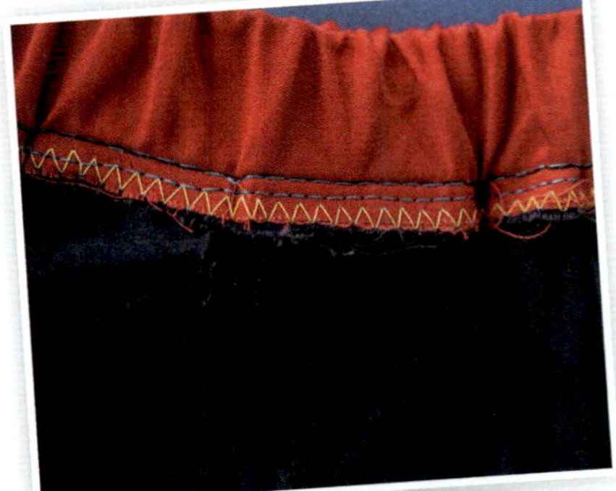

Tipp

Wenn Sie eine Jeanshose nur um eine Größe enger machen möchten, nähen Sie ein kurzes Stück Gummiband in den rückwärtigen Bund ein. Dazu schneiden Sie mit dem Fadenschneider zwei kleine Schlitze jeweils auf Höhe einer Gürtelschlaufen in die Innenseite des Jeansbunds. Ziehen Sie mithilfe einer Sicherheitsnadel ein Stück Gummiband ein, und nähen Sie es an beiden Seiten fest, nachdem Sie es etwas gedehnt haben. Schließen Sie die Schlitze sorgfältig von Hand, damit der Eingriff möglichst unsichtbar ist.

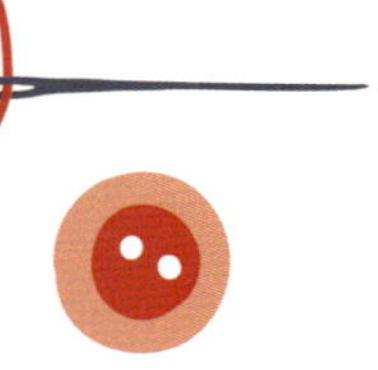

Ein Blick auf die Vorderseite bestätigt: Die Raffung ist gleichmäßig, der Bund gelungen.

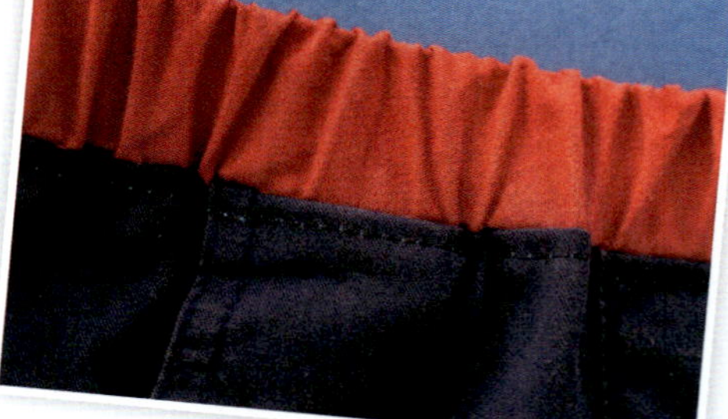

LEICHT

EINEN NEUEN REISSVERSCHLUSS *verdeckt einnähen*

Haben die Zähne sich verhakt oder ist der Zipper zerbrochen? Dann ist es kein Problem, den Reißverschluss durch einen neuen zu ersetzen.

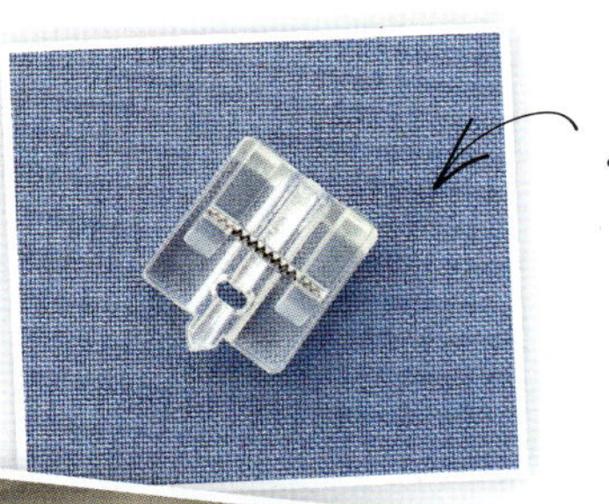

1 Am einfachsten ist das Einsetzen eines neuen Reißverschlusses mit einem speziellen Nähfuß. Durch seine besondere Form erlaubt er, sehr nah an der Zahnreihe des geschlossenen Reißverschlusses entlangzunähen, sodass der Reißverschluss fast verdeckt ist. Er wird allerdings nur selten mit der Nähmaschine mitgeliefert.

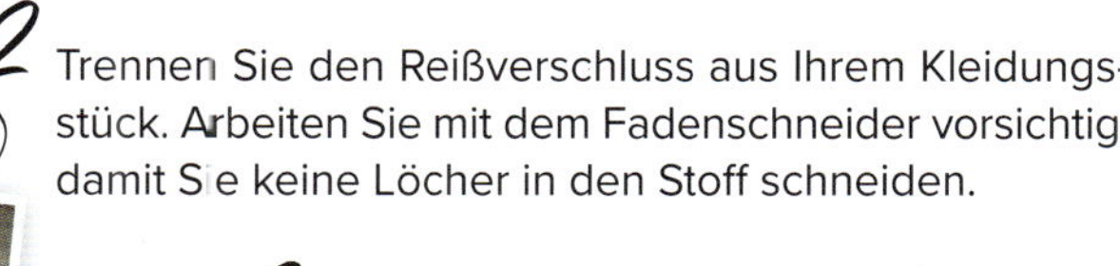

2 Trennen Sie den Reißverschluss aus Ihrem Kleidungsstück. Arbeiten Sie mit dem Fadenschneider vorsichtig, damit Sie keine Löcher in den Stoff schneiden.

3 Trennen Sie die Naht unterhalb des Reißverschlusses ebenfalls 5 cm weit auf.

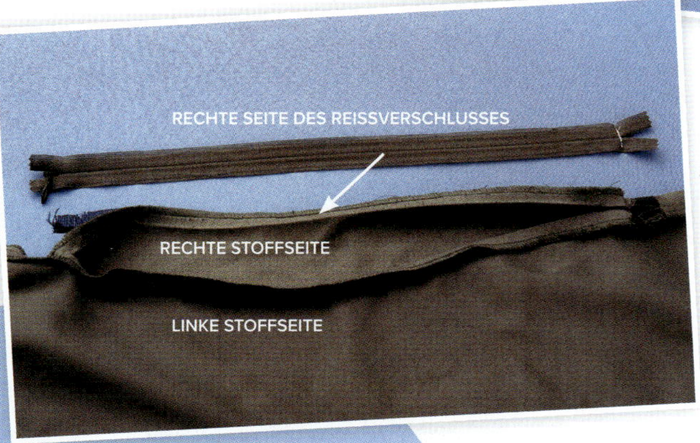

4 Wenden Sie das Kleidungsstück auf links. Entlang der aufgetrennten Naht ist die rechte Seite des Stoffes zu sehen. Legen Sie nun die rechte Seite des Reißverschlusses an die rechte Seite des Stoffes an.

EINEN NEUEN REISSVERSCHLUSS VERDECKT EINNÄHEN (FORTSETZUNG)

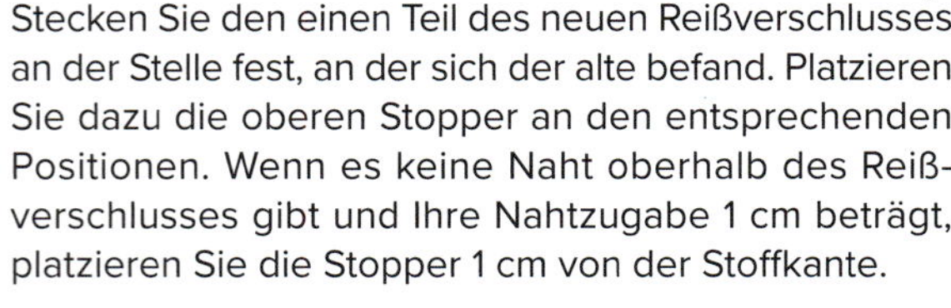

5 Stecken Sie den einen Teil des neuen Reißverschlusses an der Stelle fest, an der sich der alte befand. Platzieren Sie dazu die oberen Stopper an den entsprechenden Positionen. Wenn es keine Naht oberhalb des Reißverschlusses gibt und Ihre Nahtzugabe 1 cm beträgt, platzieren Sie die Stopper 1 cm von der Stoffkante.

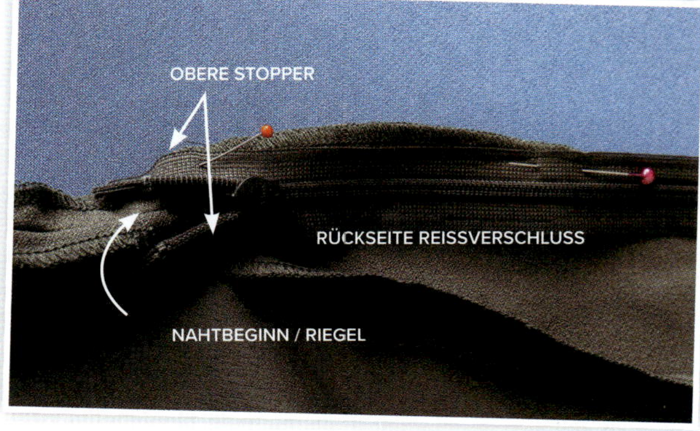

6 Legen Sie die Kante des Reißverschlusses an die Stoffkante an, und stechen Sie die Nadel ein. Rücken Sie mit dem Nähfuß so nah wie möglich an die Zahnreihe oder positionieren Sie den Spezialnähfuß darüber. Mit einem Riegel beginnend, nähen Sie die erste Seite des Reißverschlusses auf der gesamten Länge fest. Enden Sie mit einem Riegel 1 cm vor dem unteren Stopper.

7 Schon ist die erste Seite des Reißverschlusses fertig angenäht! Öffnen Sie den Reißverschluss.

8 Wie Sie sehen können, habe ich am unteren Ende des Reißverschlusses etwa 1 cm von der Naht entfernt mit einem Riegel gestoppt.

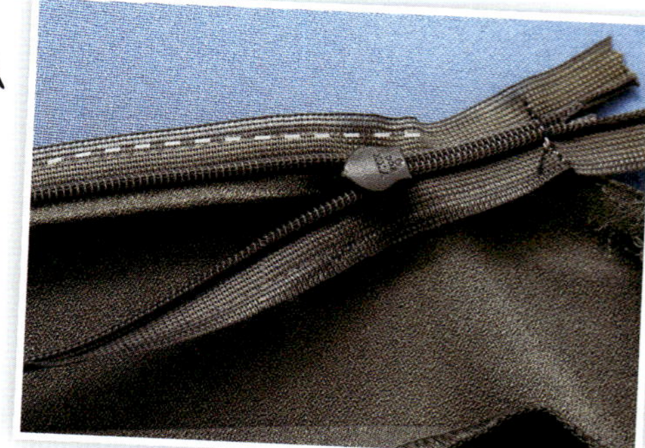

9 Legen Sie jetzt die zweite Seite des Reißverschlusses an die entsprechende Stoffkante an. Beginnen Sie am unteren Ende des Reißverschlusses mit einem Riegel auf der Höhe des Riegels der ersten Naht.

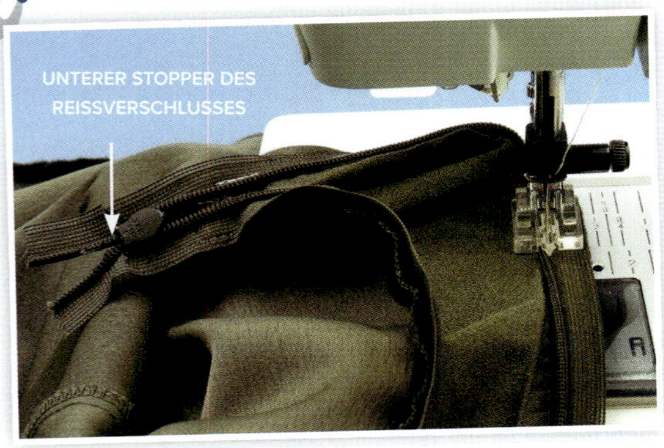

10 Stecken Sie die Oberseite des Reißverschlusses am Stoff fest, um sicherzustellen, dass der Stopper genau gegenüber dem anderen Stopper liegt.

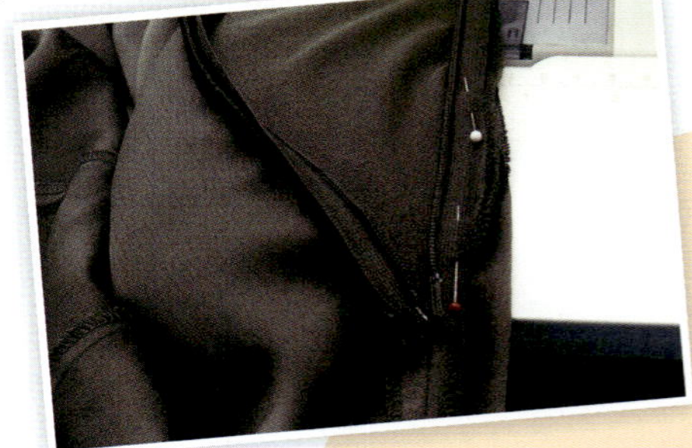

11 Die beiden Seiten Ihres Reißverschlusses werden wie auf dem Foto befestigt. Ziehen Sie den Schieber bis zur Mitte des Reißverschlusses hoch.

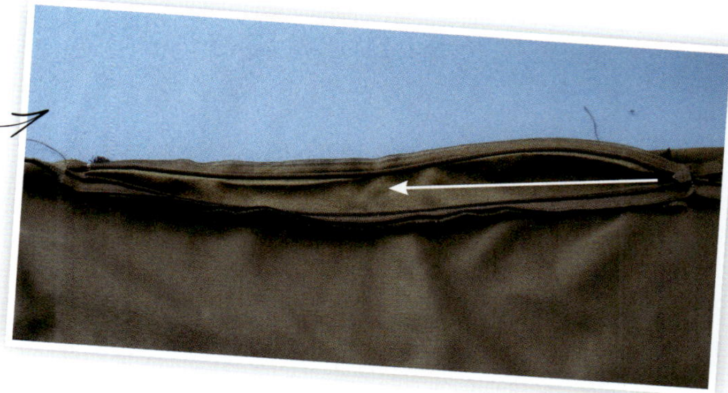

12 Stechen Sie die Nadel in die Seitennaht unterhalb des Reißverschlusses ein. Rücken Sie mit dem Nähfuß so nah wie möglich an die Zahnreihe oder positionieren Sie den Spezialnähfuß darüber. Jetzt nähen Sie die zweite Naht genau entsprechend der gegenüberliegenden.

13 Nähen Sie das untere Ende des Reißverschlusses mit einer kurzen Quernaht am Stoff fest. Am besten Sie zeichnen die richtige Position zuvor mit dem Markierstift an. Auf Bild 14 ist diese Naht links der Nadel gut zu sehen.

14 Um zu verhindern, dass der Zipper aus den Zahnreihen rutscht, nähe ich vorsichtshalber einen Riegel von Hand und verbinde damit die beiden maschinengenähten Riegel.

Glückwunsch, Sie haben es geschafft! Sie haben Ihr Kleidungsstück repariert. Der Reißverschluss liegt unsichtbar in der Seitennaht.

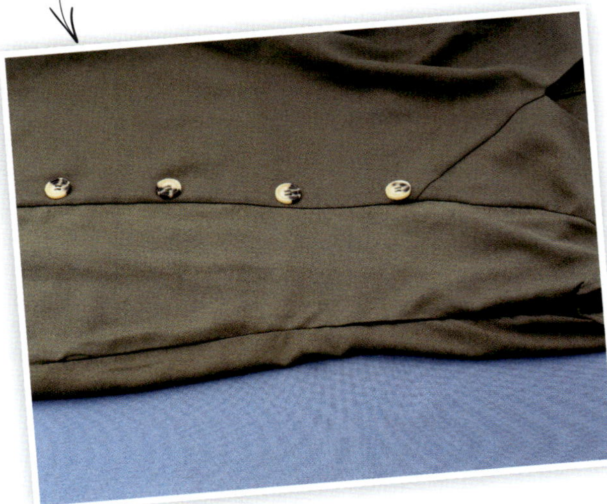

EINFACH

Ein Loch stopfen

IN STRICKSTOFF

Wenn Sie ein Loch in einem Strickstück haben, flicken Sie es möglichst schnell. Warten Sie nicht, bis es sich weiter vergrößert hat, denn das macht die Reparatur nur aufwendiger. Verwenden Sie ein farblich passendes Garn in einer möglichst ähnlichen Qualität.

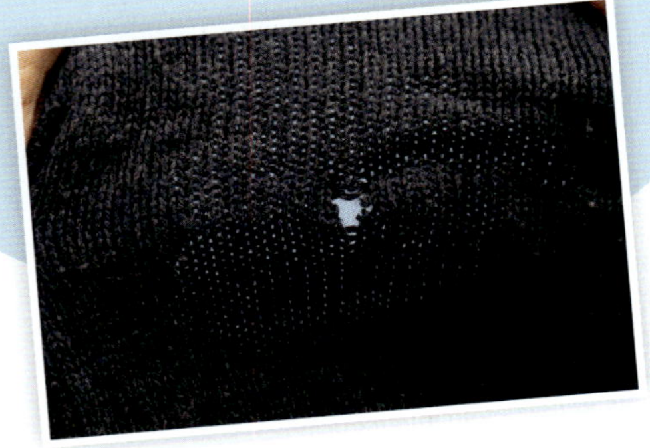

1 Um ein gestricktes Kleidungsstück, sei es ein Pullover oder eine Socke, zu reparieren, wird traditionell ein Stopfei verwendet. Sollten Sie keines zur Verfügung haben, tut es ersatzweise auch eine kleine Plastikflasche.

2 Legen Sie die Stelle, an der das Kleidungsstück ein Loch hat, auf das Stopfei. Fädeln Sie den Faden in die Nadel, und sichern Sie das Fadenende.

3 Ziehen Sie den Faden bis kurz vorm Ende durch ein paar Fädchen des Strickstoffs und bilden Sie einen Knoten.

4 Umstechen Sie das Loch mit lockeren Stichen. Das verhindert das weitere Ausfransen und hilft dabei, den Stoff zusammenzuziehen.

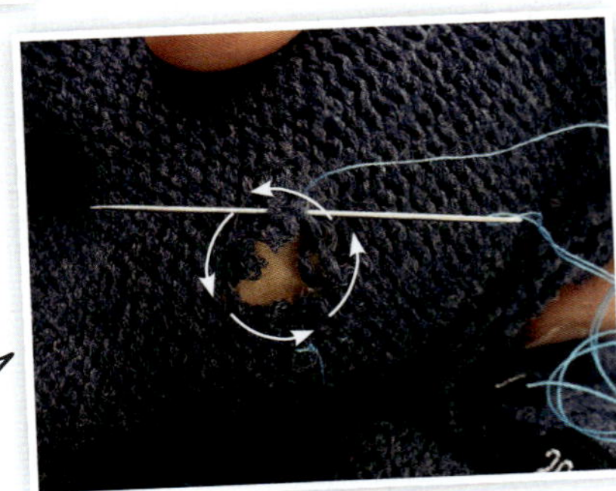

5 Wenn Sie wieder am Anfang angekommen sind, stechen Sie mit der Nadel ein Stück über dem Loch ein. Nähen Sie die Reparaturnaht nicht zu locker und nicht zu fest.

6 Nähen Sie eine zickzackförmige Linie. Ziehen Sie den Faden nach jedem Stich gut fest, damit sich das Loch schließt.

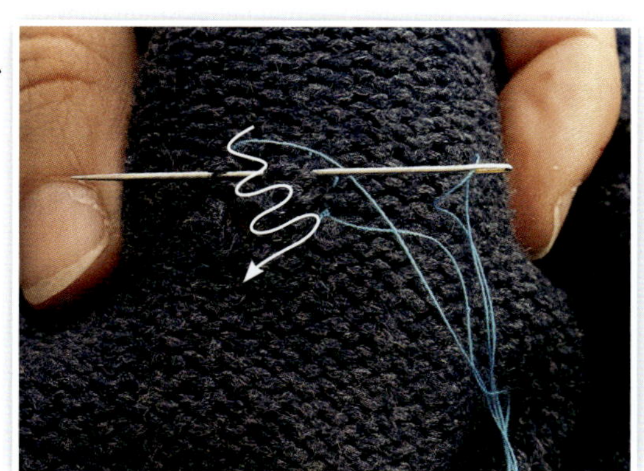

7 Ich habe den Faden hier nicht fest angezogen, damit Sie den Verlauf meiner Naht auf den Bildern besser erkennen können. Bei Ihrer Reparatur müssen Sie dies aber tun.

8 Zum Abschluss vernähen Sie den Faden wie auf Seite 21 beschrieben.

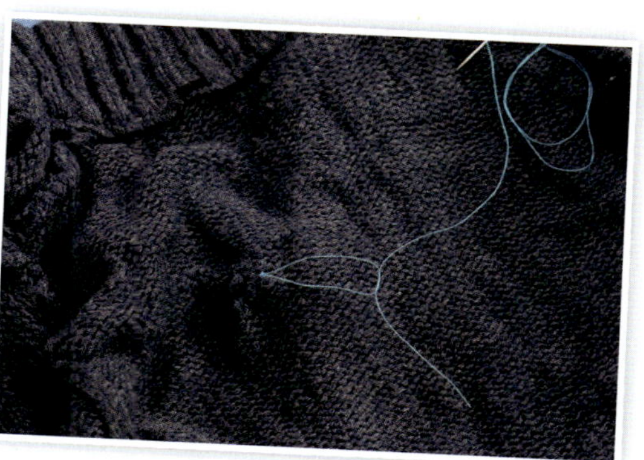

9 Für mehr Stabilität ziehen Sie den Faden an den Anfangspunkt durch und verknoten ihn mit dem Anfangsfaden.

10 Wenn Sie ein Garn in der Farbe des Strickstücks verwenden, sieht man die Reparatur nach Abschluss auf der linken Seite kaum noch.

11 Auf der Vorderseite ist fast nicht erkennbar, wo das Loch war!

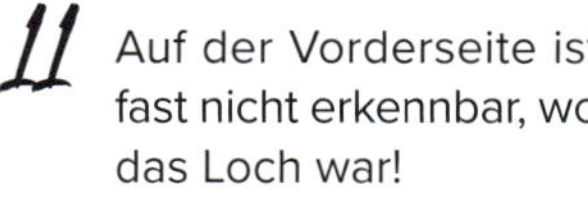

SEHR LEICHT

Knöpfe annähen

MIT LÖCHERN UND MIT ÖSEN

Das Annähen eines Knopfes mit Öse und mit zwei oder vier Löchern erfolgt fast auf dieselbe Weise. Bei Knöpfen mit Löchern müssen Sie mithilfe einer Stecknadel oder eines Streichholzes für etwas Abstand zum Stoff sorgen. Ich verwende in meinen Beispielen farbiges Garn, damit Sie die Schritte besser nachvollziehen können.

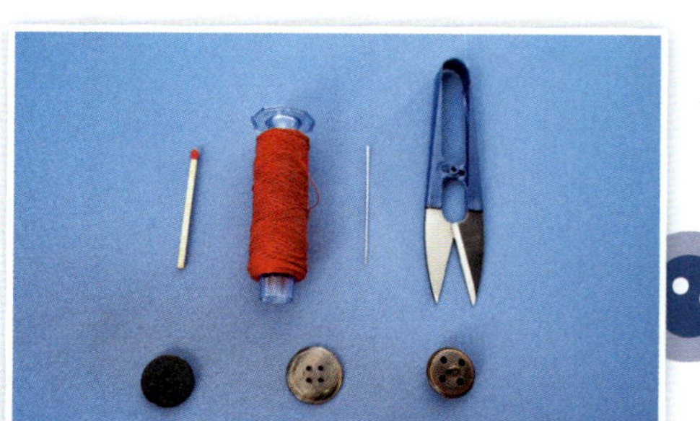

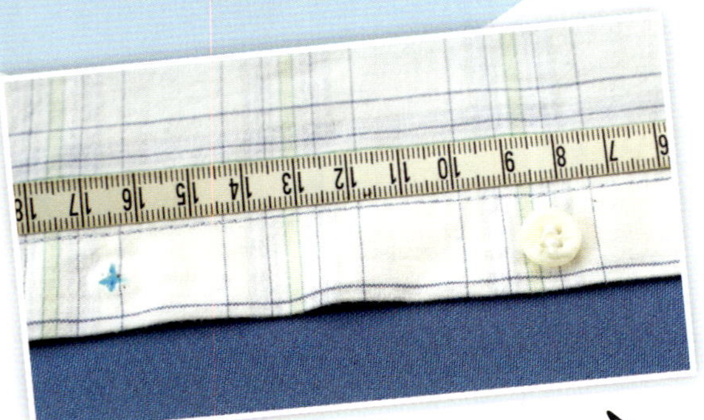

Markieren Sie die Stelle, an der der Knopf angenäht werden soll. Wenn ein Knopf abgerissen ist, können Sie die richtige Position leicht erkennen. In anderen Fällen müssen Sie zum Maßband greifen.

Einen 4-Loch-Knopf mit parallelen Stichen annähen

1 Verwenden Sie am besten einen doppelten Faden. Fädeln Sie ihn ein, und sichern Sie das Ende mit einem Knoten. Dieser bleibt auf der linken Seite des Kleidungsstücks sichtbar. Nähen Sie von Hand einen Riegel.

2 Stechen Sie von unten durch den Stoff und eines der vier Löcher und danach von oben nach unten durch ein benachbartes Loch.

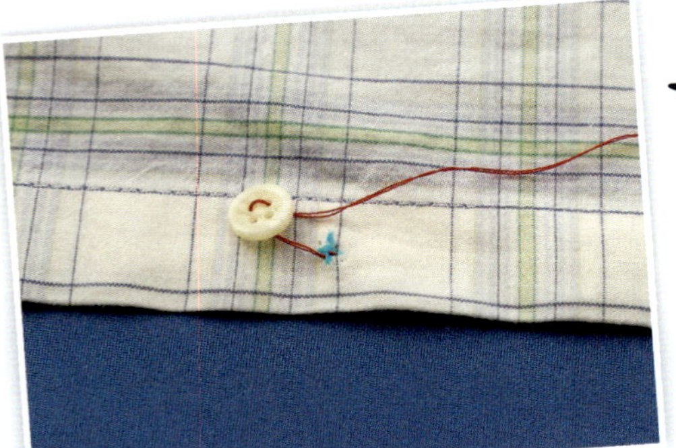

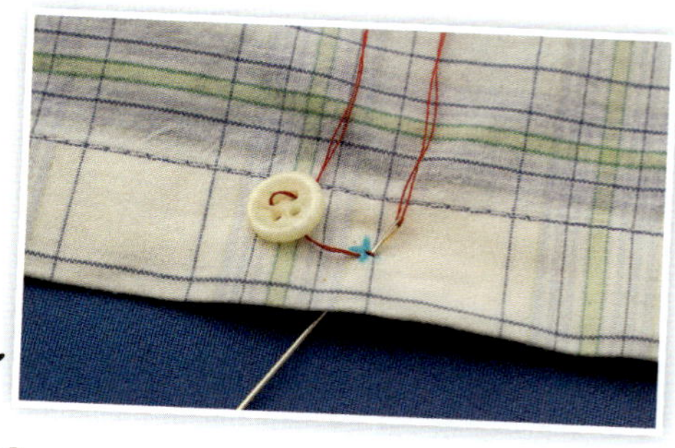

3 Der Faden bildet eine Schlaufe.

4 Schieben Sie ein Streichholz unter dem Knopf zwischen den Fäden hindurch. So schaffen Sie etwas Abstand.

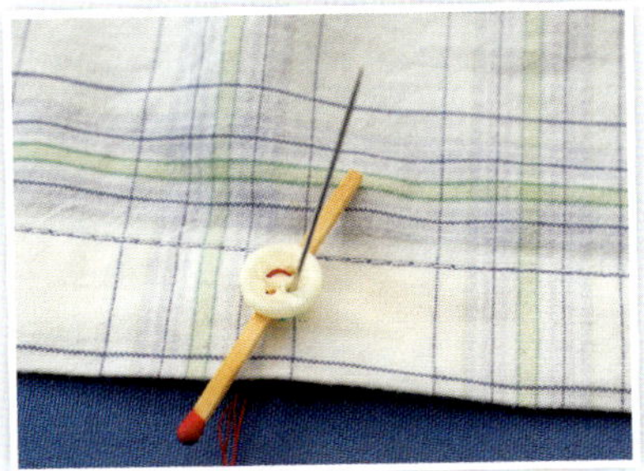

5 Wiederholen Sie nun Schritt 2 mehrfach bei den ersten beiden Löchern, dann bei den anderen beiden.

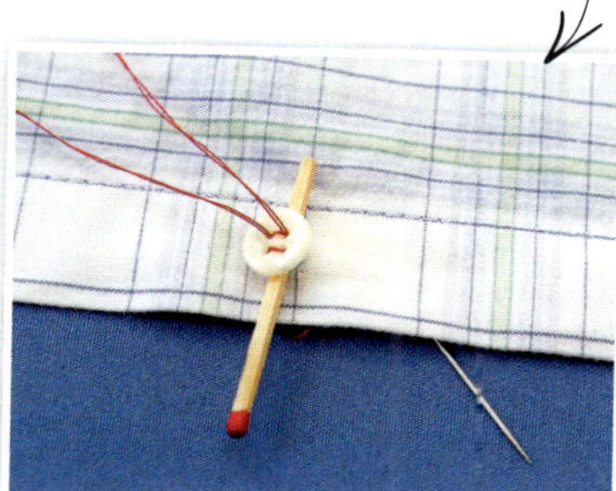

6 Auf der Rückseite sollten Ihre Stiche dicht beieinander liegen, damit es schön aussieht.

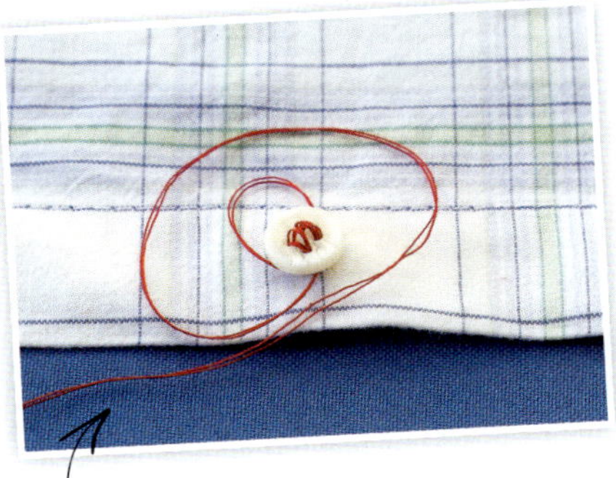

7 Nachdem Sie jedes Loch mindestens viermal durchstochen haben, entfernen Sie das Streichholz. Jetzt gehen Sie mit der Nadel von unten nach oben unter den Knopf. Wickeln Sie den Faden um den Knopf.

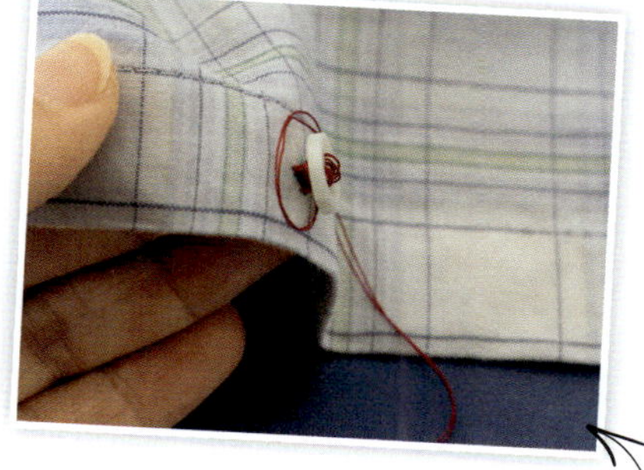

8 Ziehen Sie den Knopf nach oben, damit die Schlaufen der Fäden gut anliegen, und wickeln Sie den Faden mehrfach fest um den „Stiel".

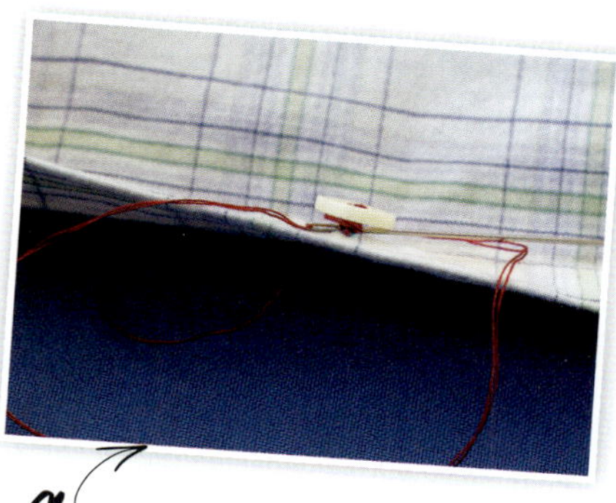

9 Um den Faden zu vernähen, stechen Sie zum Schluss durch den „Stiel".

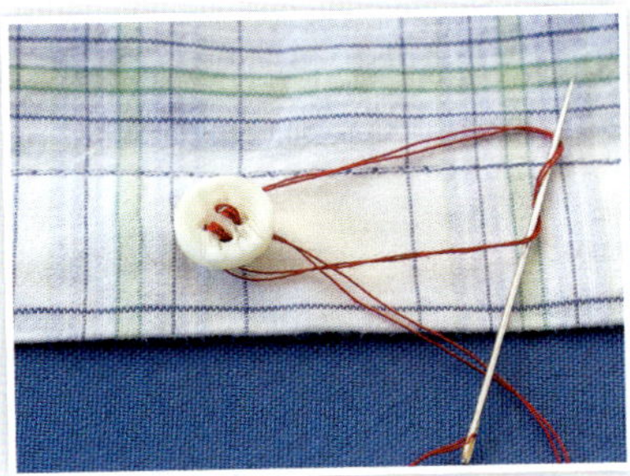

10 Machen Sie nacheinander 2 Knoten, wie auf Seite 21 gezeigt.

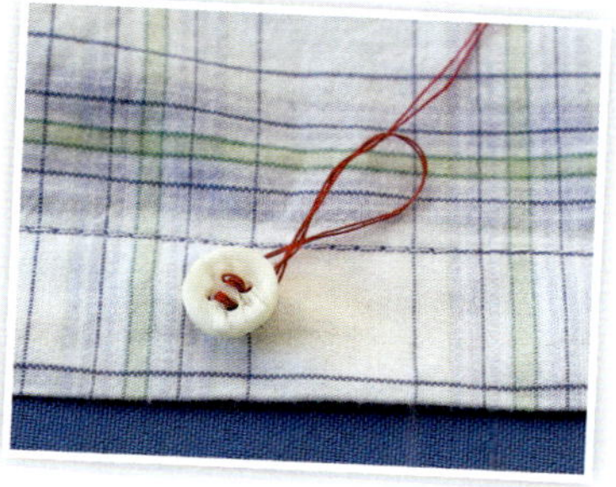

11 Ziehen Sie dabei vorsichtig am Faden, damit sich der Riegel richtig bildet.

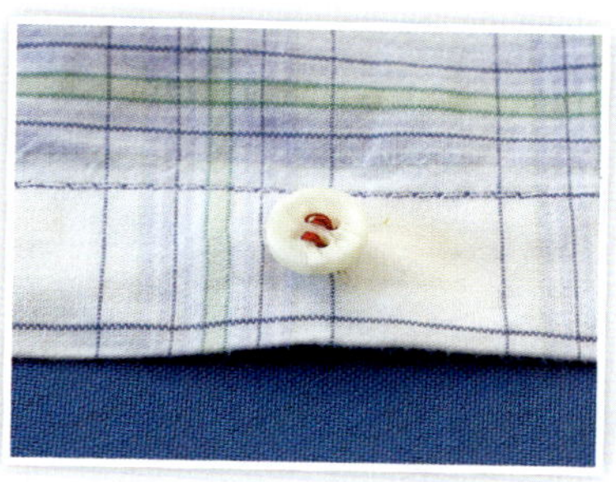

12 Schneiden Sie Ihren Faden 2 mm vom Riegel entfernt ab. Der Knopf ist einsatzbereit!

Einen 4-Loch-Knopf mit Stichen über Kreuz annähen

Einen Knopf mit vier Löchern kann man auch befestigen, indem man über Kreuz durch die Löcher näht. Stechen Sie erst auf der einen, dann auf der anderen Seite durch. Hier habe ich anstelle des Streichholzes eine Stecknadel verwendet, um genügend Abstand zwischen Stoff und Knopf zu schaffen.

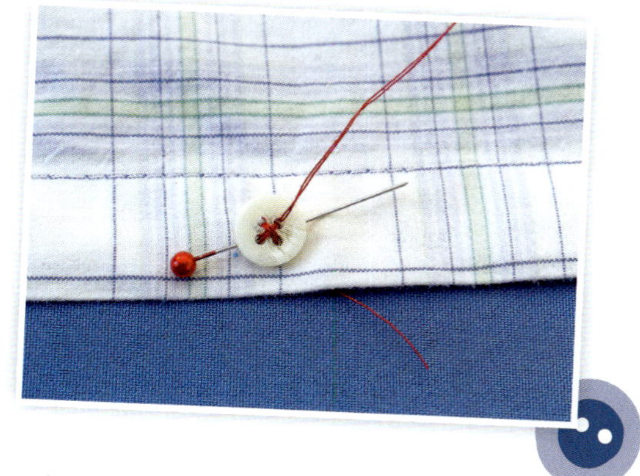

Einen Knopf mit Öse annähen

1 Die Öse garantiert den Abstand zwischen Stoff und Knopf. Wie bei den anderen Knöpfen nähen Sie auch hier mit einem doppelten Faden, den Sie am Ende mit einem Knoten gesichert haben. Dieser wird auf der Rückseite des Stoffes sichtbar sein. Stechen Sie an der Markierung von unten durch den Stoff, und ziehen Sie den Faden durch die Öse.

2 Setzen Sie wie gezeigt kurze Stiche durch die Markierung. So ersparen Sie sich die Arbeit in zwei Schritten.

3 Führen Sie den Faden erneut durch die Öse und stechen Sie danach wie beschrieben durch die Markierung.

4 Wiederholen Sie diesen Vorgang mehrmals. Wenn der Knopf mehr Spiel haben soll, als durch die Öse gewährt wird, arbeiten Sie auch in diesem Fall mit einer Stecknadel oder einem Streichholz als Abstandhalter.

5 Um den Vorgang abzuschließen, machen Sie einen Riegel. Falls Sie einen Abstandhalter verwendet haben, entfernen Sie diesen jetzt. Ziehen Sie den Faden durch die Markierung auf links. Bilden Sie dann eine Schlaufe, durch die Sie den Faden hindurchziehen. So entsteht ein Riegel (siehe Seite 21).

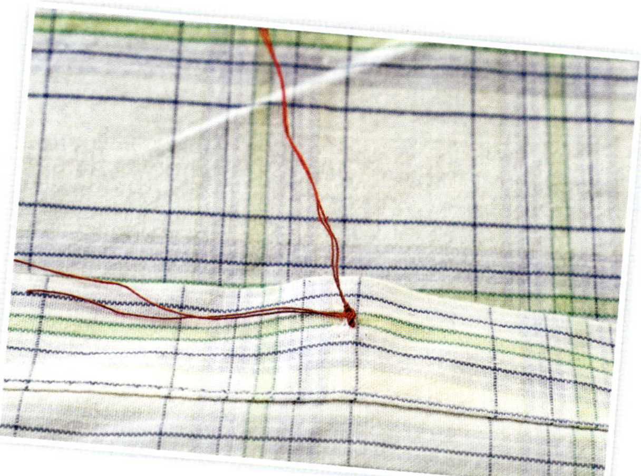

6 Ziehen Sie nicht zu fest am Faden, damit er nicht am Knoten abreißt.

MITTELSCHWER

Eingriffstaschen einnähen

VERDECKT IN DER SEITENNAHT

Es ist ganz einfach, verdeckte Taschen in die Seitennähte eines Kleidungsstücks einzusetzen. Ganz gleich ob es sich um einen fließenden oder einen dickeren Stoff handelt, wird die Tasche gut verdeckt sein, solange das Kleidungsstück nicht eng am Körper anliegt. Wählen Sie Futterstoff und Faden in der Stofffarbe. Ich selbst nähe zur Verdeutlichung mit Blau.

1 Bestimmen Sie zunächst die Position der Taschen: Sie dürfen nicht zu hoch sitzen, denn das sieht nicht schön aus.

2 Ein Trick besteht darin, eine Jeans mit Eingriffstaschen unter dem Kleidungsstück anzuziehen, das Sie verändern wollen. So können Sie die Markierungen auf einer Seite des Kleidungsstücks leicht anbringen. Verwenden Sie dazu einen auswaschbaren Markierungsstift oder einen Kreidestift.

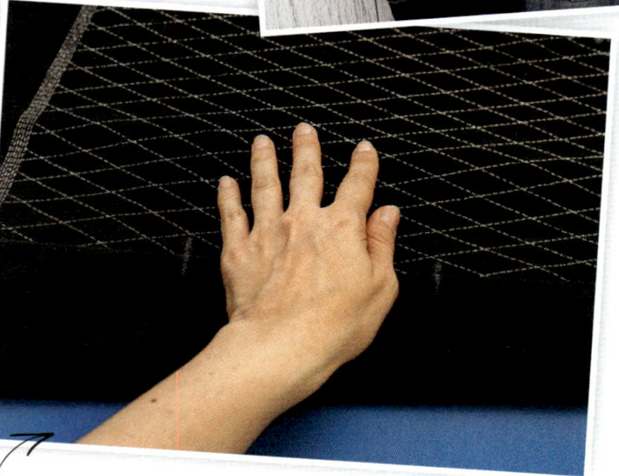

3 Prüfen Sie, ob die Öffnung der Taschen weit genug ist. Lassen Sie etwas Spiel: etwa 1,5 cm auf jeder Seite Ihrer Hand.

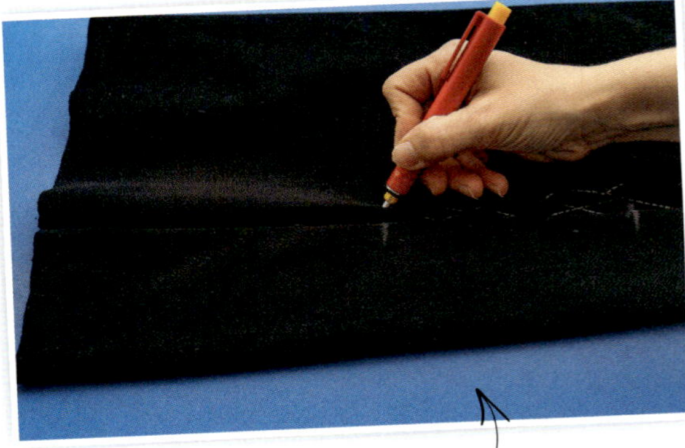

4 Falten Sie Ihr Kleidungsstück so, dass die Seitennähte aneinanderstoßen. Jetzt können Sie die Markierungen auf die zweite Seite übertragen.

5 Legen Sie ein Blatt Papier unter das Kleidungsstück, und zeichnen Sie eine Linie entlang der Seitennaht. Danach übertragen Sie die beiden Markierungen für die Tasche.

6 Legen Sie Ihre Hand auf das Papier. Zeichnen Sie den Umriss der Tasche. Er verläuft etwa 2 cm von der Hand entfernt..

7 Zeichnen Sie rundherum eine zweite Linie in 1 cm Abstand von der ersten. Das ist die Nahtzugabe. Markieren Sie oben und unten auf dem Schnitt, um spätere Fehler zu vermeiden.

8 Schneiden Sie die das Schnittmuster aus, und legen Sie es auf den Futterstoff, aus dem Sie die Taschen anfertigen wollen. Schneiden Sie die Tasche viermal zu. Verwenden Sie Stoffbeschwerer, damit nichts verrutscht.

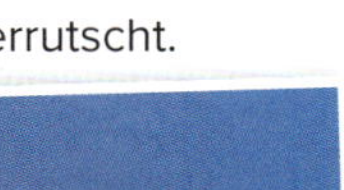

9 Trennen Sie an Ihrem Kleidungsstück beide Seitennähte zwischen den Markierungen und oben und unten je 3 cm darüber hinaus auf.

10 Versäubern Sie die Innentaschen rundum mit einem Zickzackstich. Dadurch wird verhindert, dass der Stoff ausfranst.

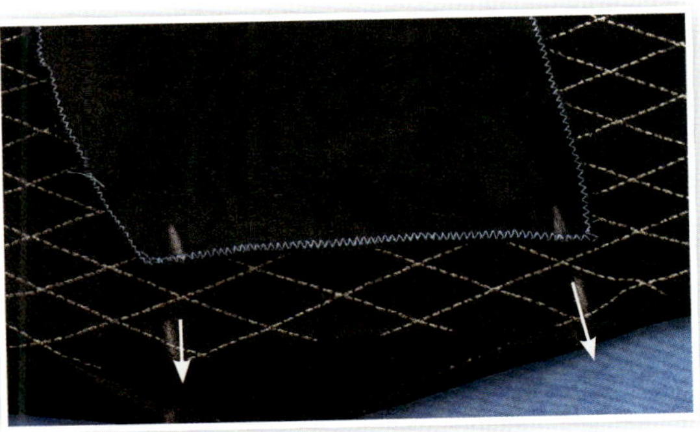

11 Markieren Sie die Nahtzugaben auf den Zuschnitten der Innentaschen. Sie können diese jetzt Markierung an Markierung an den Seitennähten positionieren. Achten Sie auf die Richtung!

EINGRIFFSTASCHEN EINNÄHEN VERDECKT IN DER SEITENNAHT (FORTSETZUNG)

12 Fixieren Sie die Innentaschen vor dem Nähen mit Stecknadeln in der richtigen Position.

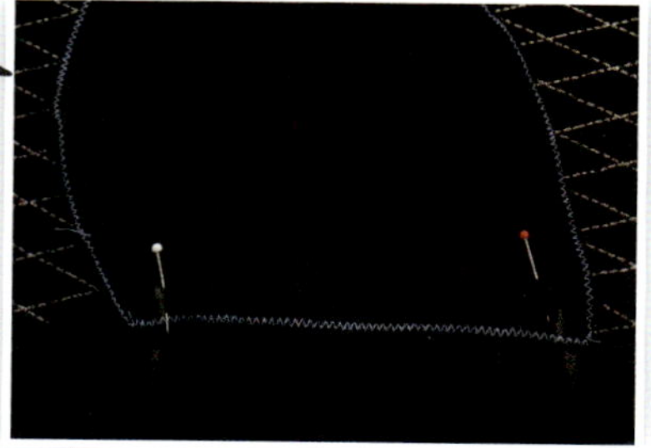

13 Nähen Sie den ersten Teil einer Innentasche 5 mm von der Kante entfernt an. Dadurch bleibt die Tasche in der Naht verborgen.

14 Versäubern Sie nun die Stoffkante der aufgetrennten Naht an Ihrem Kleidungsstück. Wenn Sie dazu einen Overlockstich verwenden, können Sie dabei auch die Stoffkante der Innentasche mit fassen.

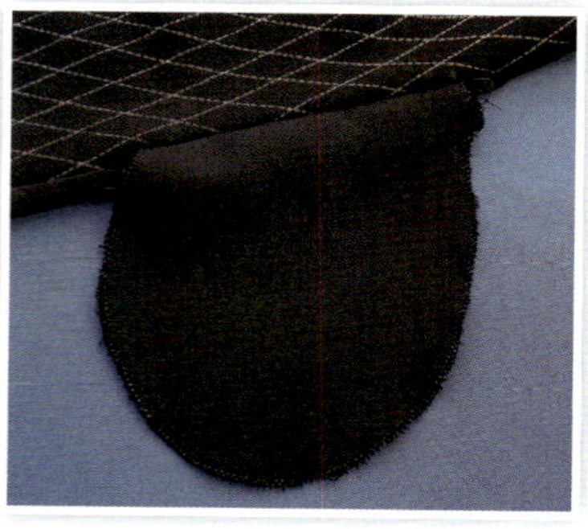

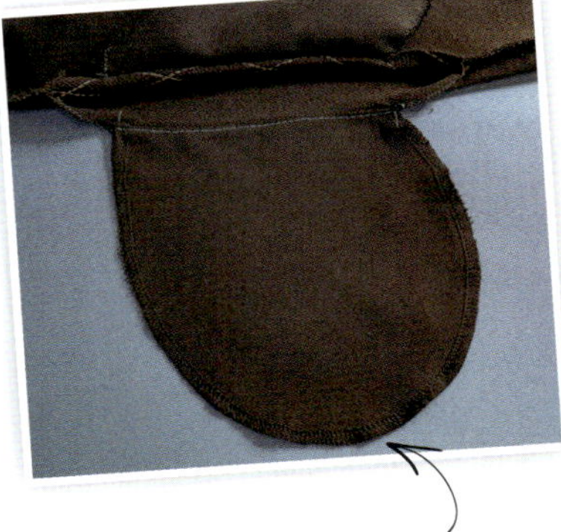

15 Wenden Sie den ersten Teil der Innentasche nach außen, und legen Sie die rechte Seite nach oben.

16 Nähen Sie mit einem Faden in der Farbe Ihres Stoffes eine Stütznaht. Sie verleiht der Stoffkante zusätzliche Stabilität.

17 Steppen Sie dazu auf der Nahtzugabe. Legen Sie diese dann in die richtige Richtung, damit eine schöne Naht entsteht.

18 Nähen Sie nun eine Steppnaht 1 mm von der bereits vorhandenen Nahtlinie entfernt.

19 Wenn Sie den ersten Teil der ersten Innentasche eingesetzt haben, fahren Sie mit dem zweiten Teil fort. Wiederholen Sie die Arbeitsschritte ab Schritt 11. Zuerst sollten prüfen, ob der zweite Teil richtig positioniert ist.

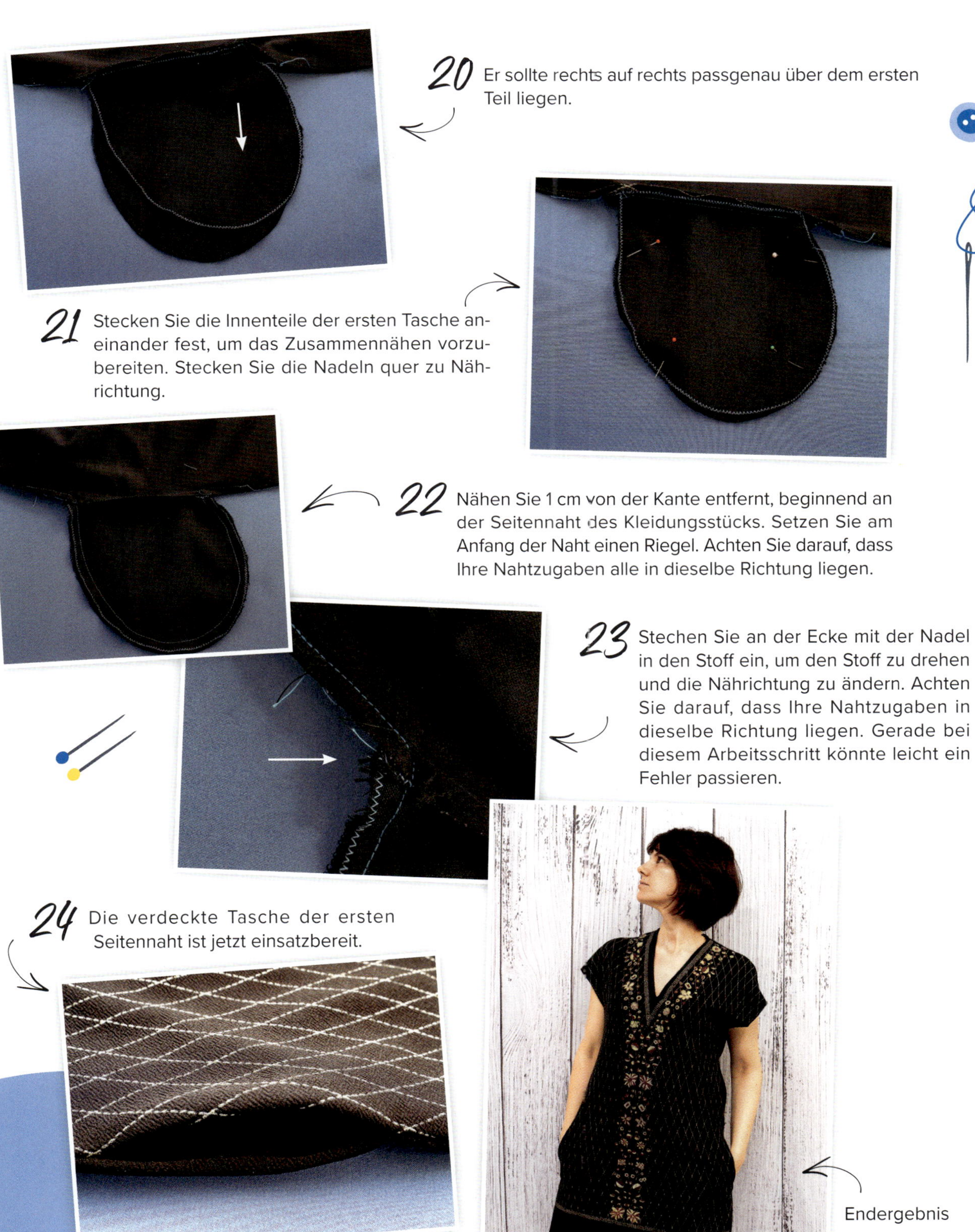

20 Er sollte rechts auf rechts passgenau über dem ersten Teil liegen.

21 Stecken Sie die Innenteile der ersten Tasche aneinander fest, um das Zusammennähen vorzubereiten. Stecken Sie die Nadeln quer zu Nährichtung.

22 Nähen Sie 1 cm von der Kante entfernt, beginnend an der Seitennaht des Kleidungsstücks. Setzen Sie am Anfang der Naht einen Riegel. Achten Sie darauf, dass Ihre Nahtzugaben alle in dieselbe Richtung liegen.

23 Stechen Sie an der Ecke mit der Nadel in den Stoff ein, um den Stoff zu drehen und die Nährichtung zu ändern. Achten Sie darauf, dass Ihre Nahtzugaben in dieselbe Richtung liegen. Gerade bei diesem Arbeitsschritt könnte leicht ein Fehler passieren.

24 Die verdeckte Tasche der ersten Seitennaht ist jetzt einsatzbereit.

Endergebnis

Einen Schnitt kopieren UND EIN KLEIDUNGSSTÜCK NACHNÄHEN

MITTELSCHWER

Sie lieben ein Kleidungsstück, die Form gefällt Ihnen, und es besteht aus sehr wenigen Teilen? Dann ist es perfekt für eine Nähanfängerin, die Ihr Lieblingsteil gerne nachnähen möchte. Ich zeige Ihnen hier, wie Sie das Schnittmuster für ein T-Shirt herstellen können, aber bei einem Kleid oder einer Bluse ist es dasselbe Vorgehen. Kaufen Sie Transparentpapier oder besser noch Spezialpapier für Schnittbogen. Zeichnen Sie mit Bleistift, damit Sie Linien bei Bedarf korrigieren können. Suchen Sie einen Stoff aus, der Ihrem Kleidungsstück so ähnlich wie möglich ist. Für ein erfolgreiches Kopieren müssen Sie Ihr Lieblingsteil auftrennen.

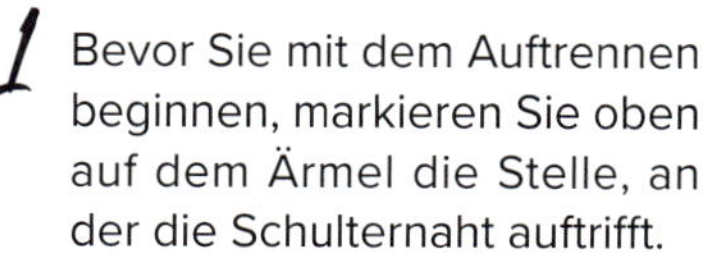

1 Bevor Sie mit dem Auftrennen beginnen, markieren Sie oben auf dem Ärmel die Stelle, an der die Schulternaht auftrifft.

2 Trennen Sie nur eine Seite des Kleidungsstücks auf. Schreiben Sie auf den Ärmel, welche Kante mit dem Vorderteil und welche mit dem Rückenteil verbunden war.

Ermitteln Sie nun die vordere und hintere Mittellinie. Dazu falten Sie das Kleidungsstück der Länge nach.

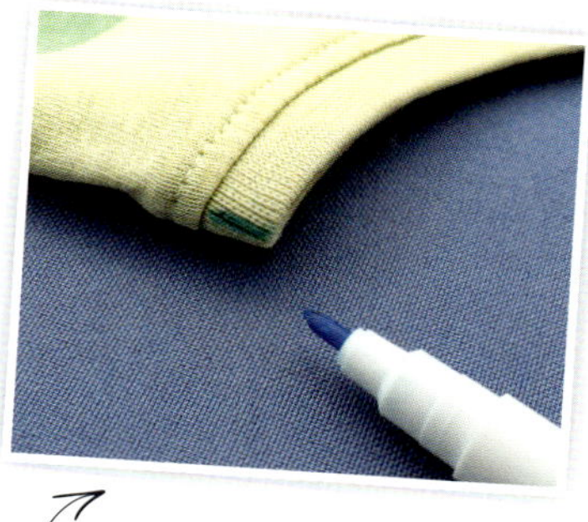

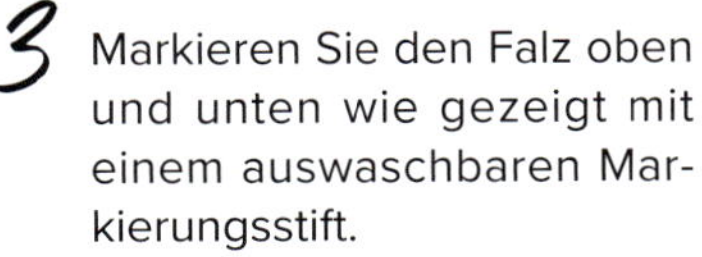

3 Markieren Sie den Falz oben und unten wie gezeigt mit einem auswaschbaren Markierungsstift.

4 Zeichnen Sie nun mithilfe eines Lineals eine Mittellinie auf der Vorderseite. Gehen Sie dann ebenso vor, um die Mittellinie auf der Rückseite zu erhalten.

5 Legen Sie das Rückenteil auf ein großes Blatt Papier. Die Stoffbeschwerer verhindern das Verrutschen. Von Stecknadeln rate ich in diesem Fall ab, da sie das Papier beschädigen würden. Zeichnen Sie mit einem Bleistift den Umriss des Kleidungsstücks auf dem Papier nach.

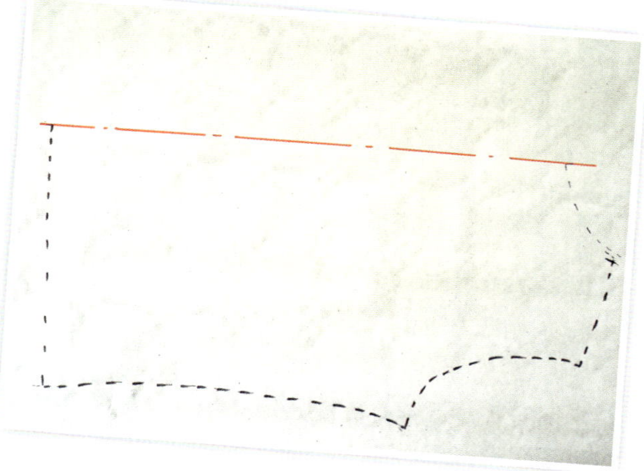

6 Ich habe die Konturen mit einem schwarzen Filzstift nachgezeichnet, damit sie auf dem Foto gut zu sehen sind. Verwenden Sie aber einen Bleistift, solange das Schnittmuster noch nicht fertig ist.

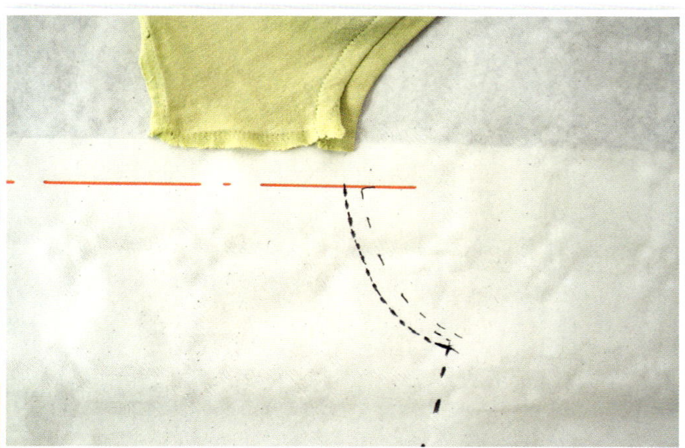

7 Ich habe mit einem feinen schwarzen Filzstift die Kontur des hinteren Halsausschnitts aufgezeichnet. Nachdem ich die Nahtzugabe am Kleidungsstück überprüft hatte, habe ich den Verlauf mit der tiefschwarzen Linie korrigiert. Die Nahtzugabe beträgt wie überall bei diesem T-Shirt auch hier 5 mm.

EINEN SCHNITT KOPIEREN UND EIN KLEIDUNGSSTÜCK NACHNÄHEN (FORTSETZUNG)

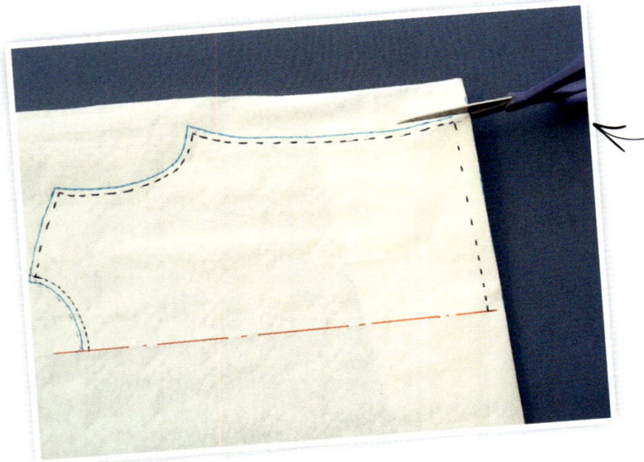

8 Die Nahtzugabe des T-Shirts ist mit 5 mm sehr knapp. Ein Schnitt mit der Schere macht das links und auf dem Bild unten deutlich. Es gibt nicht viel Platz zum Versäubern, und die Steppnaht verläuft so dicht an der Außenkante, dass manche Maschinen beim Losnähen nicht greifen. Ich arbeite daher grundsätzlich lieber mit einer Nahtzugabe von 1 cm.

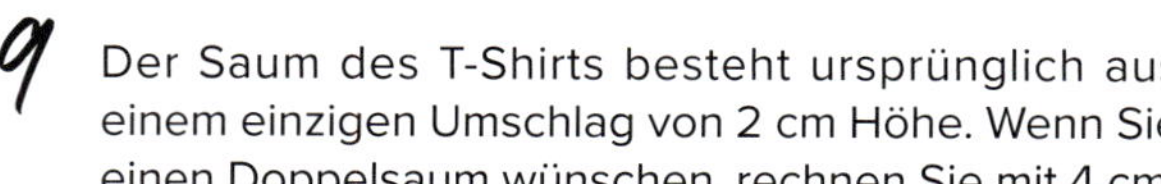

9 Der Saum des T-Shirts besteht ursprünglich aus einem einzigen Umschlag von 2 cm Höhe. Wenn Sie einen Doppelsaum wünschen, rechnen Sie mit 4 cm.

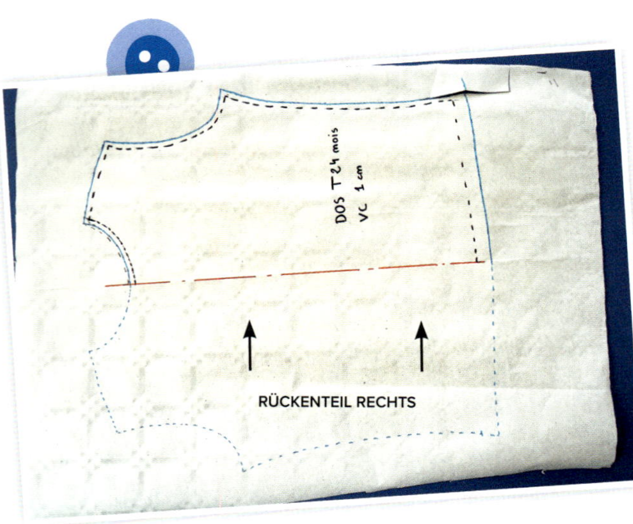

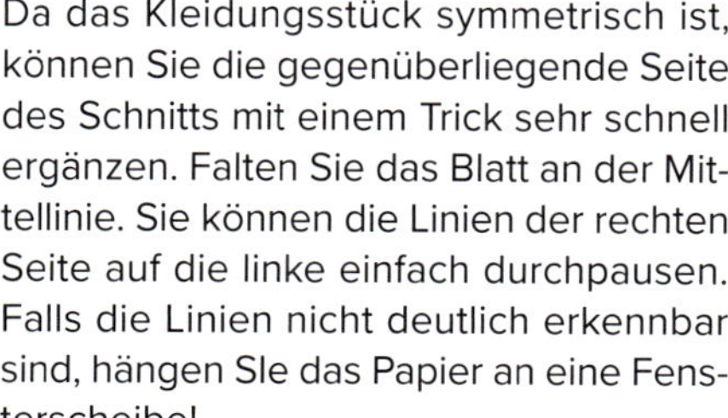

10 Da das Kleidungsstück symmetrisch ist, können Sie die gegenüberliegende Seite des Schnitts mit einem Trick sehr schnell ergänzen. Falten Sie das Blatt an der Mittellinie. Sie können die Linien der rechten Seite auf die linke einfach durchpausen. Falls die Linien nicht deutlich erkennbar sind, hängen SIe das Papier an eine Fensterscheibe!

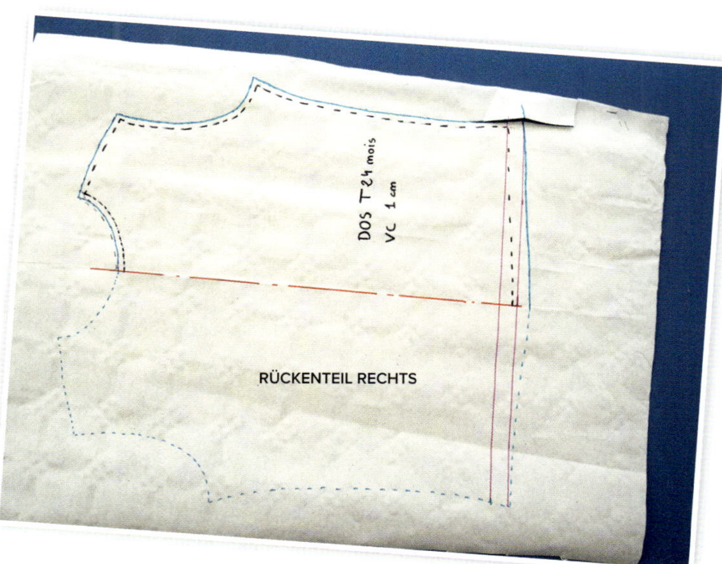

11 Vielleicht hat sich Ihr T-Shirt mit der Zeit verzogen, und die Saumlinie ist dadurch wellig geworden. Begradigen Sie das mithilfe des Lineals – im Bild ist das die Linie in Violett. Beschriften Sie nun die einzelnen Teile des Schnittmusters.

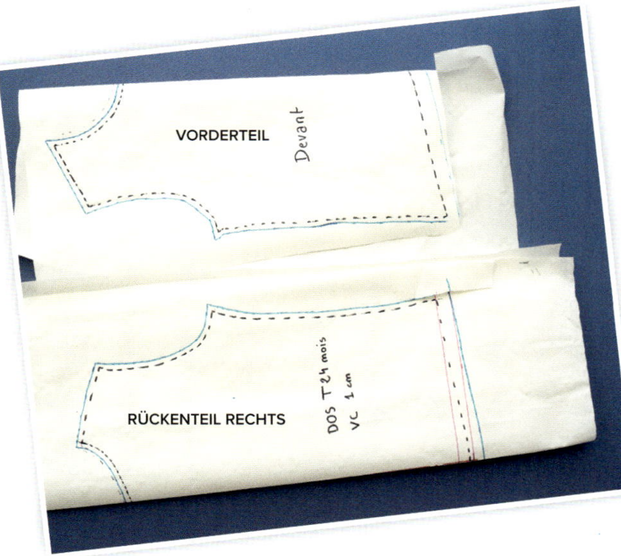

12 Zeichnen Sie die Vorderseite in denselben Schritten wie die Rückseite auf. Überprüfen Sie anschließend mit dem Maßband die Länge der Seiten auf der Vorder- und Rückseite sowie die Länge der Schulternähte. Gleichen Sie Ihre Ergebnisse mit dem T-Shirt ab.

13 Da ich an der Schulternaht eine Abweichung von 3 mm festgestellt habe, korrigiere ich das, damit ich zwei Schulternähte gleicher Länge erhalte und der Halsausschnitt symmetrisch wird. An den Seiten habe ich eine Abweichung von 1 cm korrigiert. Als Folge davon musste ich auch den Saum neu zeichnen. Da Sie mit Bleistift zeichnen, sind solche Korrekturen kein Problem.

14 Zeichnen Sie den Umriss des Ärmels auf das transparente Papier und markieren Sie den höchsten Schulterpunkt.

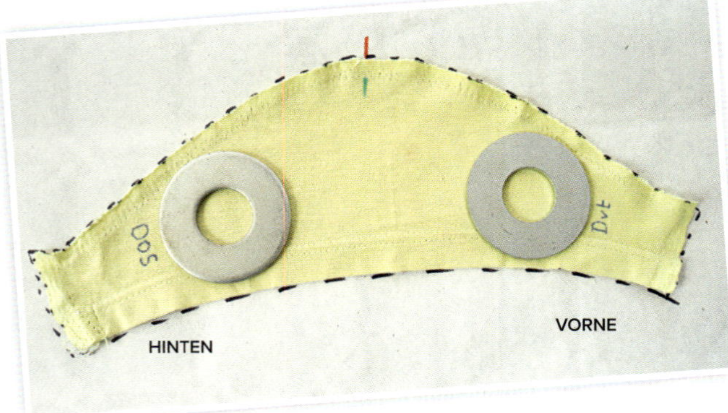

15 Die Nahtzugaben habe ich auch hier auf 1 cm vergrößert. Ich habe die Länge einer Seite des Ärmels korrigiert, die nicht mit der anderen übereinstimmte. Dann habe ich den unteren Saum des Ärmels geändert, indem ich einen einfachen Umschlag von 2 cm hinzugefügt habe. Beschriften Sie den Schnitt mit „vorne" und „hinten", um Fehler zu vermeiden.

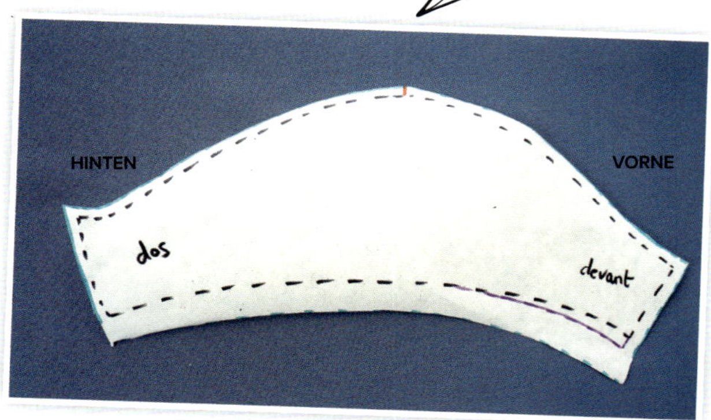

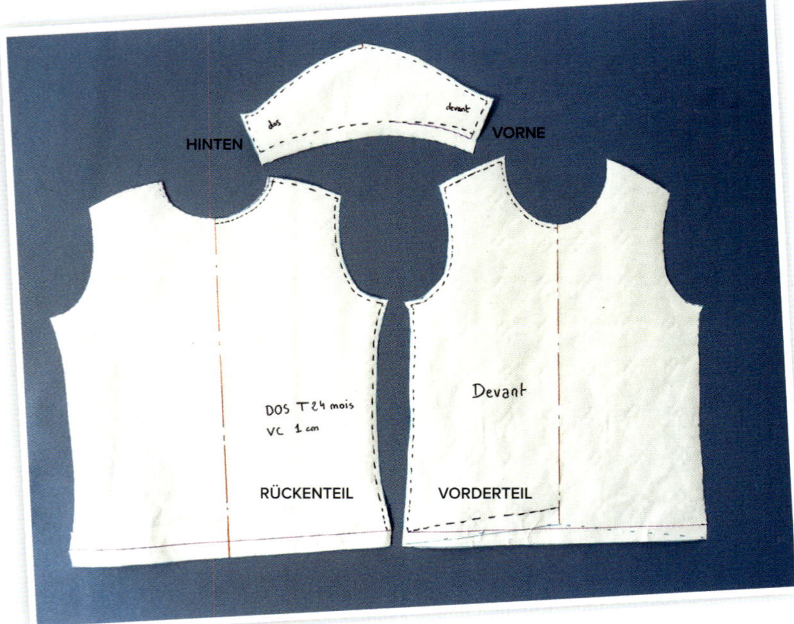

16 Mit dieser Methode können Sie von jedem beliebigen Kleidungsstück das Schnittmuster abnehmen. Zeichnen Sie zunächst mit Bleistift. Erst wenn Sie alle Korrekturen vorgenommen haben, ziehen Sie die Linien mit einem dunklen Filzstift nach.

Auftrennen ist zeitaufwendig, aber es hilft zu verstehen, wie ein Kleidungsstück genäht ist. Dadurch können Sie seinen Schnitt kopieren.

Sie können Ihr Lieblingsstück nicht nur nachnähen, sondern sogar an der einen oder anderen Stelle optimieren. Bei diesem T-Shirt war die Schulternaht nicht so stabil, wie sie sein sollte. Abhilfe schafft hier eine Verstärkung des Stoffs in der Breite der Nahtzugabe. Wenden Sie auf links, und nähen Sie den Stoffstreifen entlang der Schulternaht mit einem Overlockstich fest. Bei Stoffen, die nur wenig elastisch sind, können SIe eine Steppnaht nähen.

Kratzt der hintere Halsausschnitt auf der Haut? Um Hautirritationen zu vermeiden, nähen Sie nach dem Versäubern der Stoffkanten und dem Annähen der Einfassung ein Schrägband über die Naht. Verwenden Sie einen Overlockstich. Nach dem Nähen sollten Sie die neue Naht glattbügeln.

BLICKDICHTE KLEIDUNG *durch das Einnähen eines Futters*

MITTELSCHWER

Die Wahl des richtigen Futterstoffs ist sehr wichtig. Als Anfängerin sollten Sie Baumwollvoile, Acetat oder Viskose nehmen. Wenn Ihr Kleidungsstück elastisch und zudem tailliert ist, verwenden Sie einen dehnbaren Futterstoff, insbesondere bei einem Top. Um ein Futter nähen zu können, muss der Schnitt des Kleidungsstücks kopiert werden. Verwenden Sie dafür einen Bleistift und Transparentpapier oder Spezialpapier für Schnittbogen.

Das Wichtigste zum Thema Futterstoff

Naturfasern, wie Baumwolle und Seide, regulieren die Körperfeuchtigkeit gut.

Synthetische Fasern, wie Polyester und Polyamid, sind nicht saugfähig und laden sich elektrostatisch auf.

Kunstfasern, wie Acetat und Viskose, werden aus Cellulose hergestellt. Sie regulieren die Körperfeuchtigkeit besser als Synthetik, aber nicht so gut wie Naturfasern.

Eine Anmerkung zur richtigen Weite

Wenn man ein Kleidungsstück näht, sollte man auf einen bequemen Sitz achten. Selbst wenn es auf Maß geschneidert wird, sollte ein wenig Weite zugegeben werden. Im Allgemeinen beträgt das Spiel etwa 2 cm, bei einer Jacke sogar 4 cm!

Für das Futter wird ein Spiel von mindestens 2 cm hinzugegeben. Die zusätzliche Weite kann durch das Einarbeiten einer Kellerfalte hinzugefügt werden.

Einen ausgestellten Rock füttern

1 Wenn Ihr Rock einen Bund hat, haben Sie eine Naht auf der linken Seite. An dieser Stelle können Sie das Futter einnähen, entweder von Hand oder mit der Maschine. Messen Sie von einer Seitennaht aus den Umfang des Bunds – bei diesem Beispiel beträgt er 98 cm.

2 Dieser ausgestellte Rock hat genügend Weite durch die Kräuselung unter dem Bund. Auch das Futter bekommt durch Kräuselung seine Weite.

3 Legen Sie deshalb zuerst den ausgestellten Rock auf das Papier und dann einen geraden als Hilfsmittel darauf. Markieren Sie die Mitte und zeichnen Sie den Umriss einer Seite nach. Geben wie gezeigt auf Saumhöhe 3 cm zu.

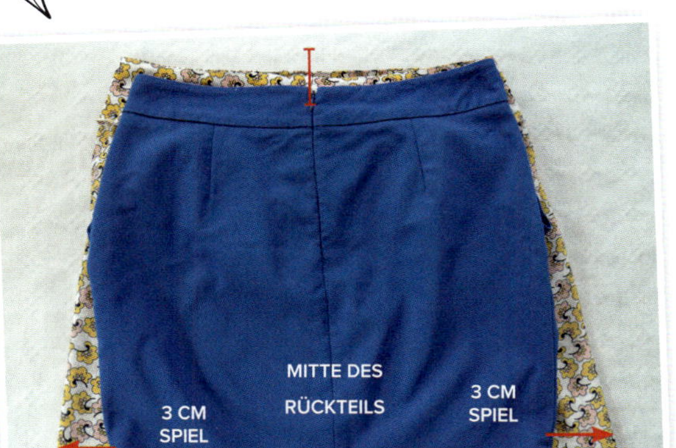

4 Setzen Sie nun eine Markierung an der unteren Naht der Rockbunds.

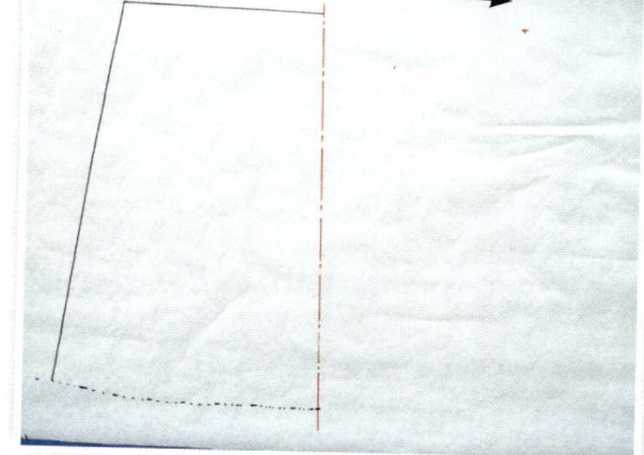

5 Ergänzen Sie die Mittellinie. Ihr Schnittmuster wird aus einem Vorderteil und zwei halben Rückteilen bestehen, da hinten mittig ein Reißverschluss sitzt. Ansonsten wird der Schnitt für das Futter von Rück- und Vorderteil identisch sein.

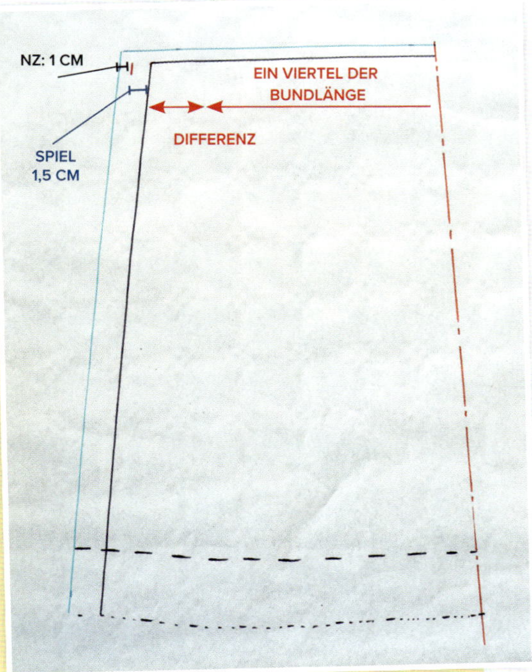

6 Messen Sie die Rockweite auf Hüfthöhe, und passen Sie den Schnitt gegebenenfalls an. Fügen Sie 1,5 cm Spiel zur gemessenen Weite hinzu. Beim gezeigten Beispiel habe ich auf Hüfthöhe eine Differenz festgestellt, die mich zwingt, das Schnittmuster zu korrigieren. Ich tue das, indem ich 1,5 cm Spiel und anschließend 1 cm Nahtzugabe hinzufüge. Das zugegebene Spiel wird später oben durch Kräuselfalten auf die richtige Nahtlänge gebracht. Das Futter soll unten nicht angenäht werden und kürzer sein als der Rock. Deshalb reduziere ich die Länge des Futters um etwa 3 bis 5 cm.

BLICKDICHTE KLEIDUNG DURCH DAS EINNÄHEN EINES FUTTERS (FORTSETZUNG)

7 Falten Sie das Papier an der Mittellinie, und schneiden Sie das Schnittmuster entlang der blauen Linie aus. Anschließend schneiden Sie an der geplanten unteren Kante entlang.

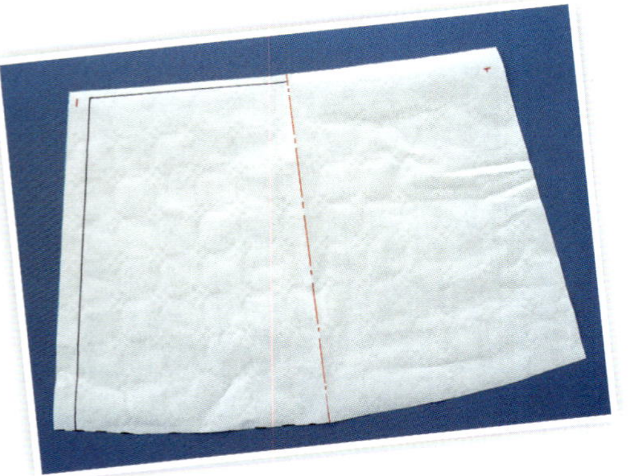

8 Durch das Spiegeln des Schnittmusters, erhalten Sie eine perfekte Symmetrie.

9 Falls die untere Kante zu sehr gebogen ist, korrigieren Sie das jetzt. Dazu ziehen Sie wie gezeigt mit dem Lineal eine 1 cm lange Linie quer über die Mittellinie und zeichnen eine flachere und gleichmäßige Kurve. Der Einfachheit halber können Sie die Kante aber auch als geraden Strich einzeichnen.

10 Um den Futterstoff zuzuschneiden fixiere ich den Schnitt mit Stoffbeschwerern darauf. Ich schneide ein Vorderteil und zwei Rückteile zu. An der Mittellinie der beiden Rückenteile habe ich je 1 cm Nahtzugabe hinzugefügt. An dieser Nahtlinie sitzt später der Reißverschluss.

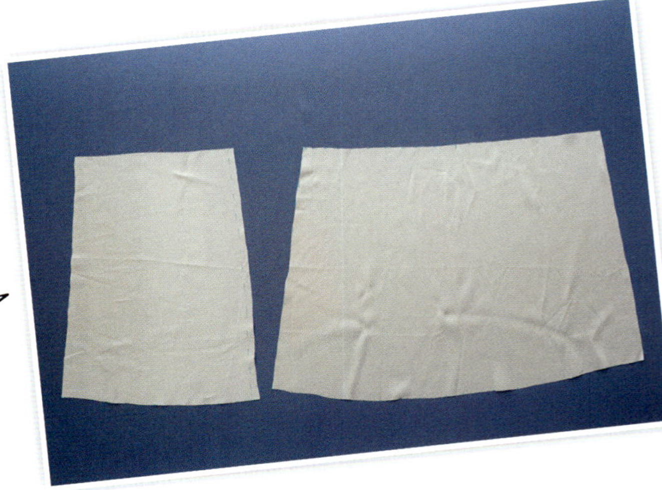

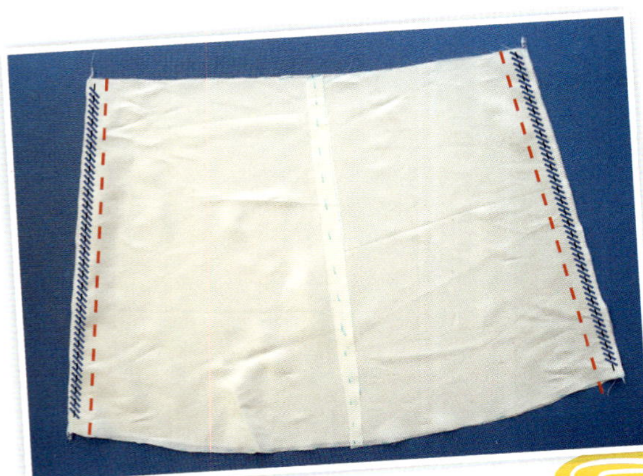

11 Nähen Sie die Vorderseite des Futters an die beiden Rückseiten, und setzen Sie am Anfang und am Ende der Naht Riegel. Falls Sie keine Overlockmaschine besitzen, versäubern Sie die Stoffkanten der beiden Verbindungsnähte mit einem Zickzackstich.

12 Versäubern Sie nun alle offenen Stoffkanten mit einem Overlock- oder Zickzackstich.

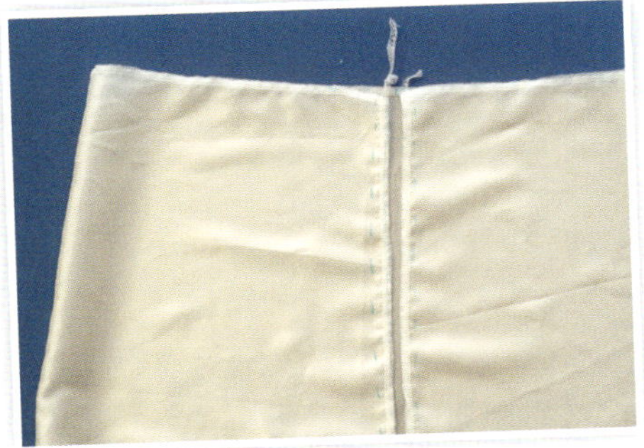

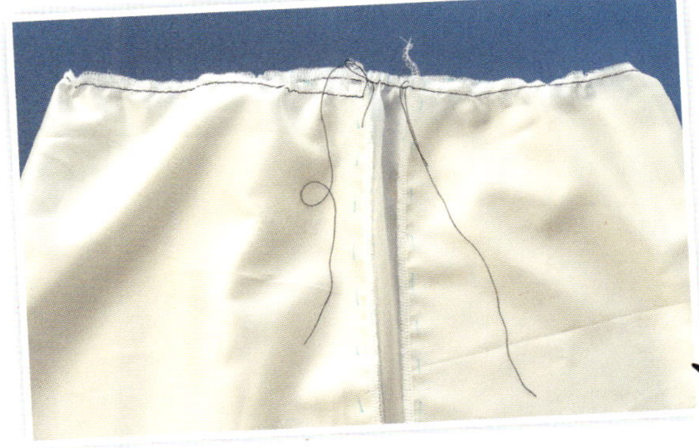

13 Nähen Sie mit sehr langen Heftstichen an der Oberkante des Futters entlang, ohne Riegel zu setzen. Ziehen Sie zum Kräuseln an einem Faden ende, und verteilen Sie die Kräuselfalten gleichmäßig. So verteilt sich die Weite, die Sie dem Futter als Spiel hinzugefügt haben.

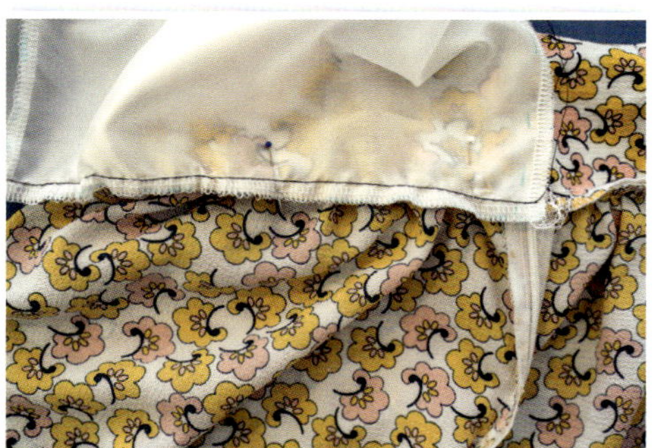

14 In diesem Beispiel kann ich den Futterstoff mit der Maschine an die Unterkante des inneren Rockbunds annähen. Wenn dies nicht möglich ist, weil der Bund an dieser Stelle mit einer Overlocknaht befestigt wurde, nähen Sie den Futterstoff weiter oben von Hand ein.

15 Ist Ihr Rock auf links gewendet, sollten die Nahtzugaben Ihrer senkrechten Nähte nach oben liegen. Wenn es hinten in der Mitte einen Reißverschluss gibt, zeichnen Sie mit dem Markierungsstift sein unteres Ende auf dem Futterstoff an. Nähen Sie nun die Rückteile zwischen der Markierung und der unteren Kante zusammen, und setzen Sie am Anfang und am Ende Ihrer Naht Riegel.

16 Stecken Sie die Nahtzugaben des Futters am Reißverschluss des Rocks fest, damit ein schöner Abschluss entsteht.

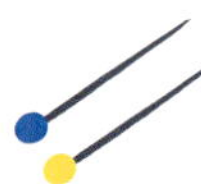

BLICKDICHTE KLEIDUNG DURCH DAS EINNÄHEN EINES FUTTERS (FORTSETZUNG)

17 Nähen Sie von Hand mit dem Blindstich (siehe Seite 32).

18 Mit diesem Stich können Sie das Futter an der Rocköffnung befestigen, ohne dass die Naht zu sehen ist. Gehen Sie bei der anderen Seite des Reißverschlusses ebenso vor.

19 Wenn es Sie stört, dass die Unterkante des Futters lediglich mit einem Overlockstich versäubert ist, können Sie ersatzweise einen Rollsaum oder einen Saum mit Schrägband nähen.

Einen geraden oder engen Rock füttern

1 Wir verwenden die gleiche Methode wie für den ausgestellten Rock. Legen Sie den Rock auf Papier. Messen Sie vom Reißverschluss aus den gesamten Umfang der Unterkante des Bunds.

2 Nachdem Sie eine Seite Ihres Rocks aufgezeichnet haben, fügen Sie etwas Weite und zusätzlich 1 cm Nahtzugabe hinzu. An der Unterkante kürzen Sie 3–5 cm.

3 Sie erhalten die Symmetrie Ihres Schnittmusters, indem Sie Ihr Blatt an der Mittellinie falten. Schneiden Sie das Schnittmuster anschließend entlang der Nahtzugaben aus.

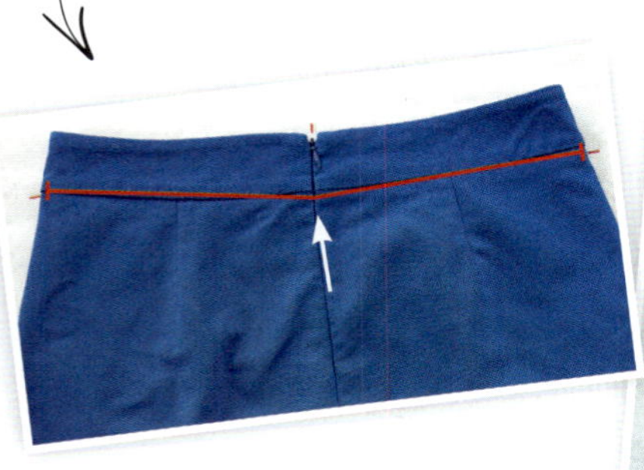

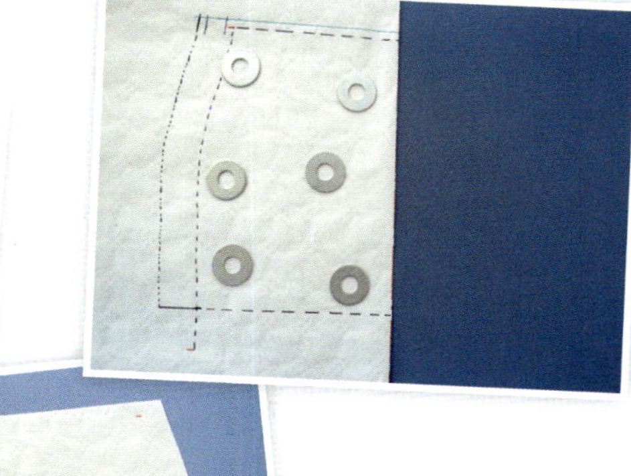

4 Das Futter für den Rock ist schnell gemacht!

Ein Top, eine Tunika oder ein Kleid füttern

1 Um das Futter einzusetzen, ohne Ihr Kleidungsstück aufzutrennen, gibt es eine andere Technik: die Verwendung eines Kopierrädchens. Dazu legen Sie Ihr Blatt Papier auf eine dicke Decke.

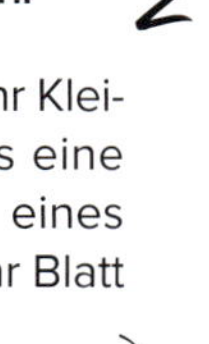

2 Falten Sie Ihr Kleidungsstück in der Mitte. Achten Sie darauf, dass die Nähte genau aufeinanderliegen. Nun die obere und untere Mittellinie markieren, das Kleidungsstück wieder auseinanderfalten und auf das Papier auf der Decke legen.

3 Führen Sie das Kopierrädchen über die obere und untere Mittelmarkierung. Sie brauchen nicht die ganze Mittellinie entlangzufahren, denn diese zeichnen Sie später einfacher mit Lineal und Bleistift.

4 Fahren Sie dann um den Halsausschnitt, die Schulterlinie und über den Armausschnitt. Danach umrunden Sie das halbe Kleidungsstück vollständig.

5 Nachdem Sie das Kleidungsstück wieder entfernt haben, ist das Papier mit kleinen Löchern markiert. Diese Markierungen helfen Ihnen, das Schnittmuster zu erstellen.

6 Zeichnen Sie die halbe Kontur mit einem Bleistift nach. Fügen Sie etwas Spiel in der Breite hinzu und dann die Nahtzugabe an der Seite und an der Schulternaht.

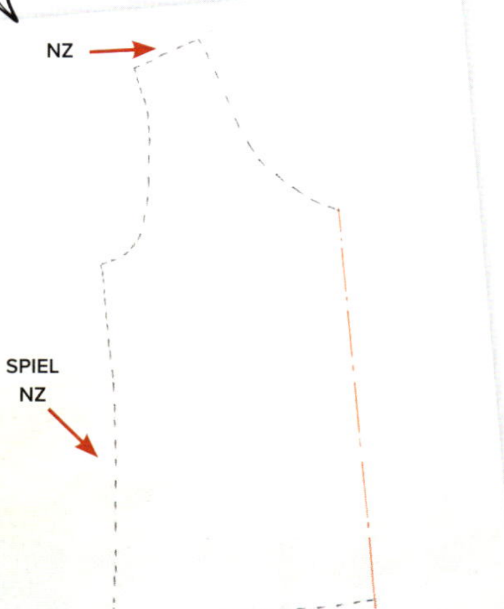

Das Futter kann von Hand an der Schulternaht und auch am oberen Teil der Seiten befestigt werden.

Hinweis: Wenn das Kleidungsstück nicht zu durchsichtig ist, müssen Sie das Futter nicht unbedingt am Halsausschnitt und an den Armausschnitten annähen. Nähen Sie das Futter aber nicht zu nah an die Öffnungen, damit es nicht zu sehen ist. Alternativ arbeiten Sie mit einer Nahtzugabe, die Ihnen erlaubt, einen einfachen Saum von Hand zu nähen.

EINFACH

OVALE FLICKSTÜCKE *ruckzuck aufnähen*

Hosen bekommen meist an den Knien Löcher. Um sie schnell zu reparieren, fertigen Sie hübsche Knieschoner von Hand. Wählen Sie einen widerstandsfähigen Stoff, wie Kunstleder oder Filz, damit sie ihn nicht doppelt legen müssen. Ich habe mich für ein Flickstück in der Farbe der Hose entschieden.

1 Messen Sie auf Höhe des Knies die erforderliche Breite – in meinem Fall sind das 9 cm. Der Radius errechnet sich wie folgt: gemessene Breite minus 2 cm geteilt durch 2. Bei 9 cm ist der Radius also 3,5 cm.

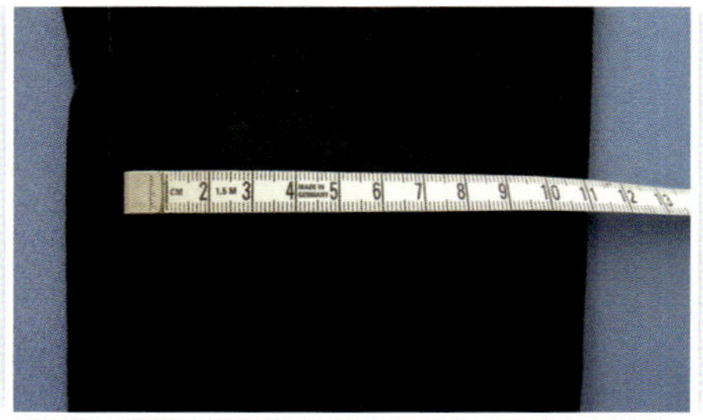

RADIUS: L–2 CM : 2

2 Zeichnen Sie mit dem Bleistift eine waagrechte Grundlinie und dann eine senkrechte Linie, die die Grundlinie schneidet, auf ein Blatt Papier. Dann zeichnen Sie einen Halbkreis mit dem zuvor ermittelten Radius.

3 Ziehen Sie in 2 cm Abstand zur ersten eine zweite senkrechte Linie.

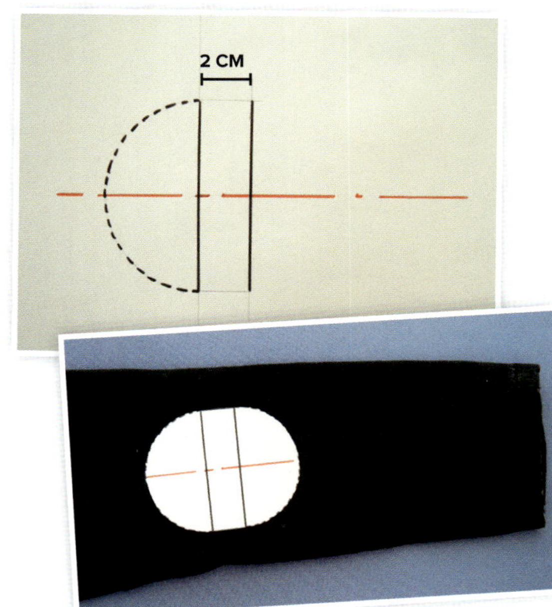

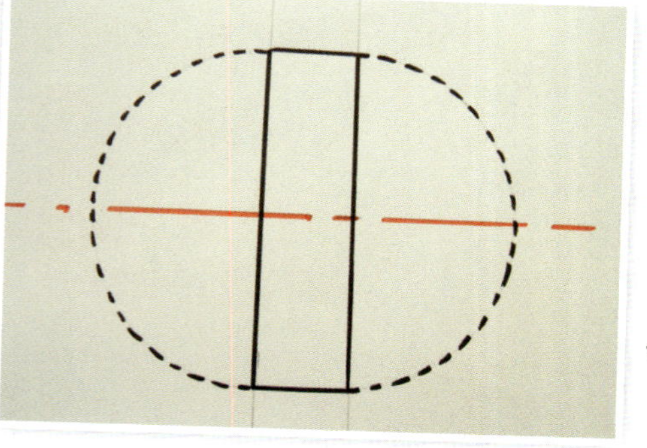

4 Zeichnen Sie jetzt den rechten Halbkreis, und verbinden Sie die beiden senkrechten Linien.

5 Schneiden Sie das Schnittmuster des Flickstücks aus, und legen Sie es auf die Hose. So können Sie überprüfen, ob die Größe passt.

6 Damit es einfach und schnell geht, empfehle ich Ihnen Stoffe zu verwenden, die nicht ausfransen und daher nicht versäubert werden müssen. Neben Kunstleder und Filz eignen sich Vliesstoffe.

7 Positionieren Sie den Knieschoner auf der Hose und fixieren Sie ihn. Um Löcher durch Stecknadeln zu vermeiden, fixieren Sie ihn mithilfe eines Klebestift.

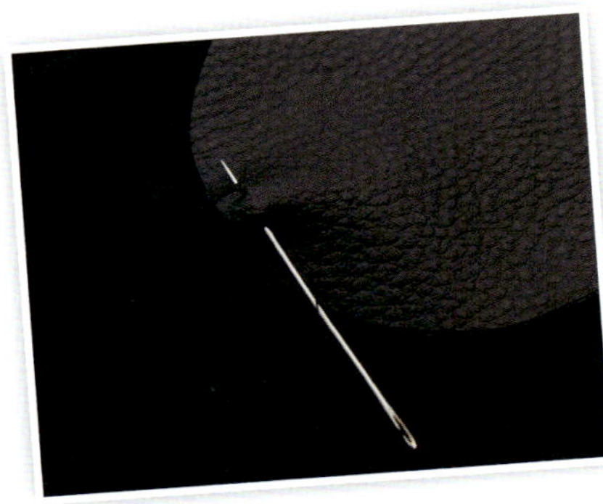

8 Nähen Sie den Knieschoner von Hand mit einem Steppstich fest (siehe Seite 22).

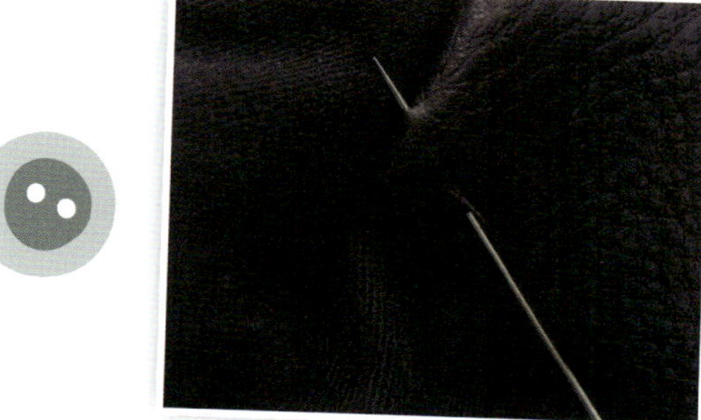

9 Stechen Sie 5 mm von der Kante entfernt um den Knieschoner herum. Achten Sie darauf, dass Sie die zweite Seite des Hosenbeins nicht mitnähen.

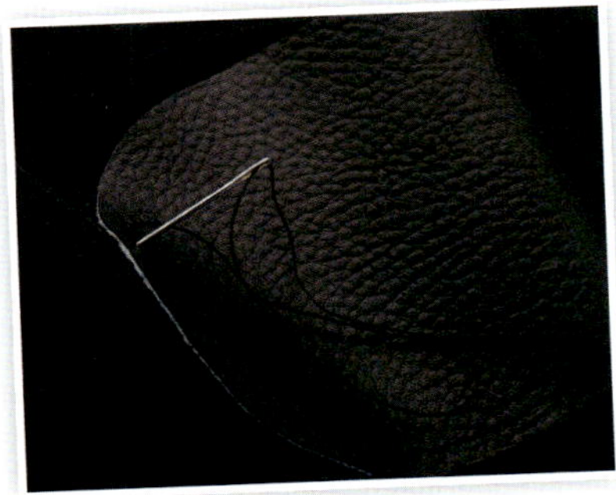

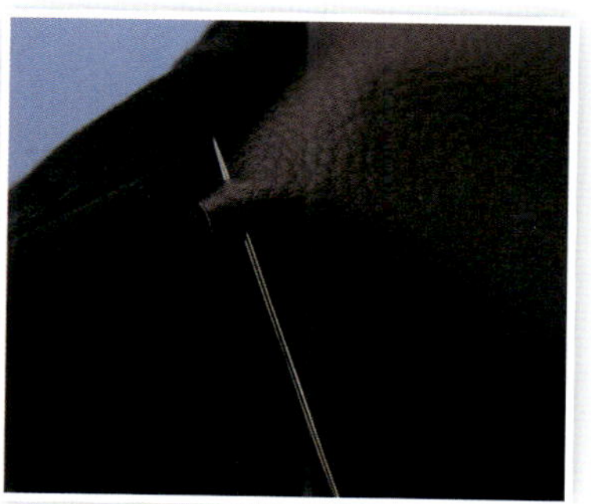

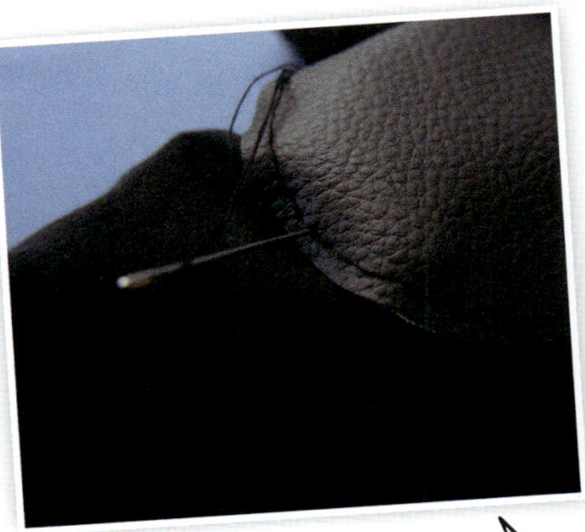

10 Sie müssen Ihren Faden mindestens einmal wechseln. Damit Ihre Naht sich nicht löst, stechen Sie die Nadel in den Stoff, drehen das Kleidungsstück auf links und setzen einen Riegel im Stoff.

11 Fädeln Sie einen neuen Faden in die Nadel, und sichern Sie das Fadenende. Wenden Sie die Hose, und stechen Sie von der Innenseite durch das Nahtende wieder nach oben.

12 Setzen Sie die Steppnaht fort, und schließen Sie die Runde. Beenden Sie die Naht wiederum mit einem Riegel auf der linken Seite.

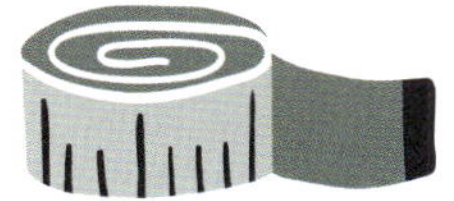

LEICHT

Risse reparieren MIT RECHTECKIGEN FLICKSTÜCKEN

Reparieren Sie ein Hosenbein mit der Nähmaschine, indem Sie von innen einen gewebten oder einen Vliesstoff über den Riss nähen. Diese Reparatur ist übrigens robuster als ein Flickstück außen.

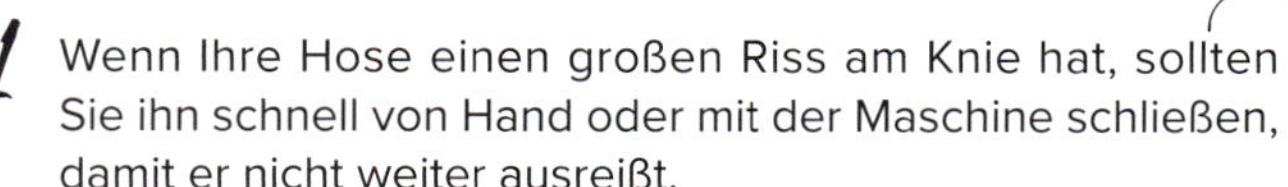

1 Wenn Ihre Hose einen großen Riss am Knie hat, sollten Sie ihn schnell von Hand oder mit der Maschine schließen, damit er nicht weiter ausreißt.

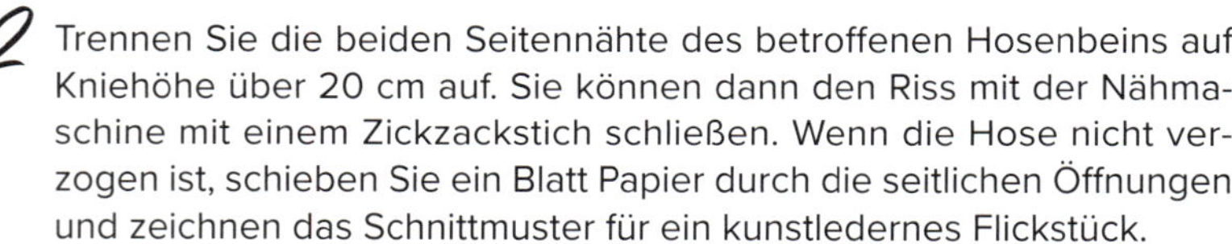

2 Trennen Sie die beiden Seitennähte des betroffenen Hosenbeins auf Kniehöhe über 20 cm auf. Sie können dann den Riss mit der Nähmaschine mit einem Zickzackstich schließen. Wenn die Hose nicht verzogen ist, schieben Sie ein Blatt Papier durch die seitlichen Öffnungen und zeichnen das Schnittmuster für ein kunstledernes Flickstück.

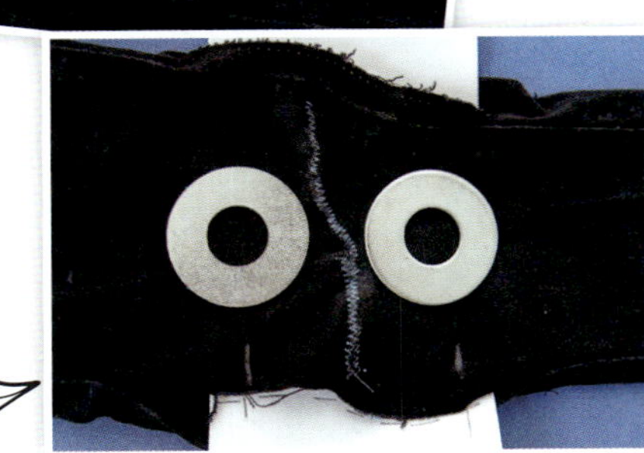

3 Andernfalls zeichnen Sie das Schnittmuster mithilfe des anderen Hosenbeins. Messen Sie aber genau, um die richtige Position zu ermitteln.

4 Zeichnen Sie die beiden Kanten des Hosenbeins und zwei parallele Linien im Abstand von 20 cm. Geben Sie an, welche Kante am Hosenbein nach oben, unten, innen und außen weist. Schneiden Sie den Stoff zu.

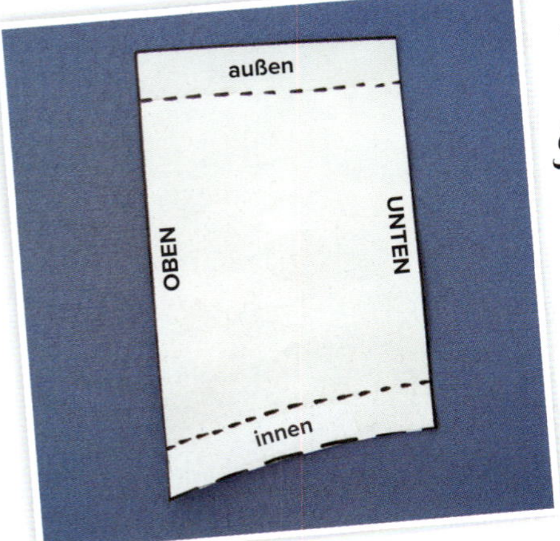

5 Wenn Sie das Schnittmuster mithilfe des anderen Hosenbeins angefertigt haben, schneiden Sie es spiegelverkehrt zu. Falls Sie einen Vliesstoff verwenden, rechnen Sie oben und unten 1 cm Nahtzugabe hinzu und bügeln Sie diese um. Fixieren Sie das Flickstück mit Stoffklammern über dem Riss.

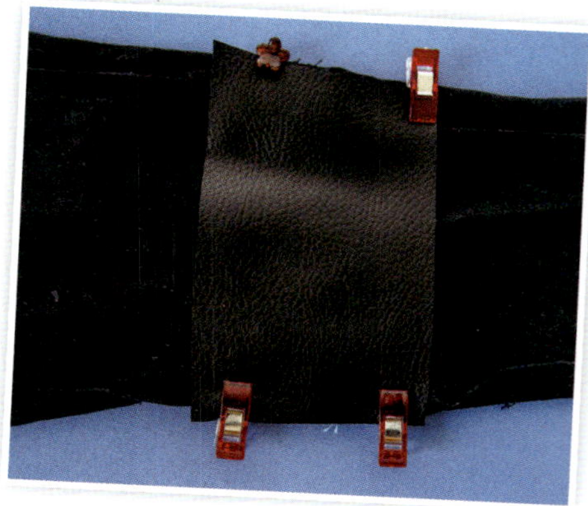

6 Steppen Sie das Flickstück entlang der unteren Kante auf das Hosenbein auf. Setzen Sie am Anfang der Naht einen Riegel (hier in Rot).

7 Stellen Sie sicher, dass Sie nur die Vorderseite des Hosenbein nähen und die Rückseite nicht versehentlich mit gefasst wird. Setzen Sie auch am Ende der Naht einen Riegel. Nähen Sie jetzt an einer Seite der Hose 2 mm vom Rand entfernt (hier in Weiß).

8 Befestigen Sie das Flickstück nun an der oberen Kante. Achten Sie darauf, dass es wirklich glatt auf dem Hosenbein aufliegt und keine Falten schlägt. Sie können es auch mithilfe eines Klebestifts fixieren.

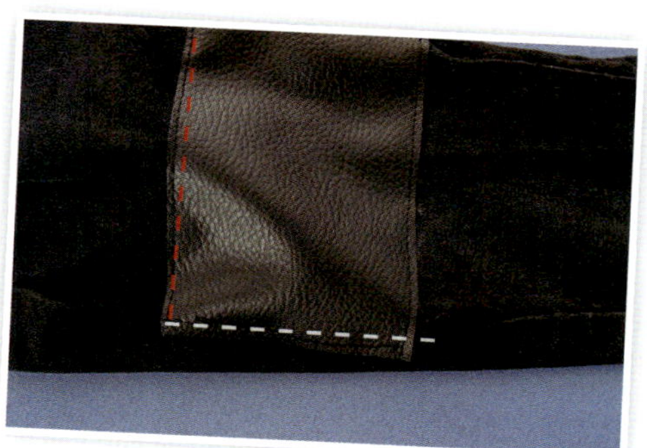

9 Die zweite Seite des Flickstücks wird am Hosenbein befestigt. Nähen Sie am Anfang und am Ende der Naht Riegel (hier in Weiß).

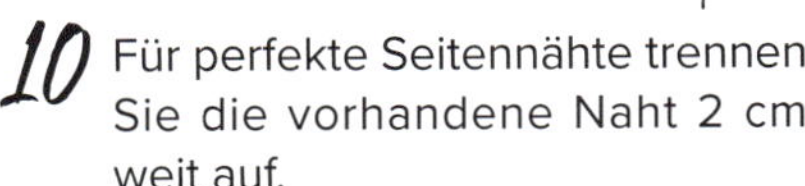

10 Für perfekte Seitennähte trennen Sie die vorhandene Naht 2 cm weit auf.

RISSE REPARIEREN MIT RECHTECKIGEN FLICKSTÜCKEN (FORTSETZUNG)

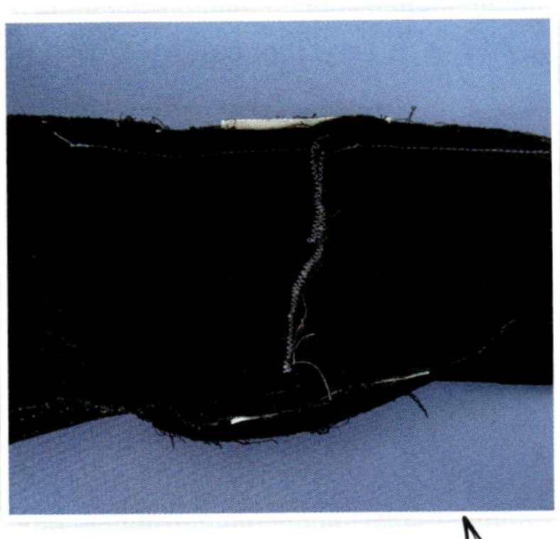

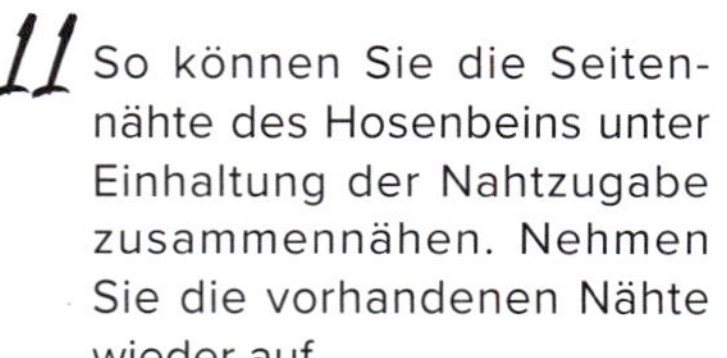

11 So können Sie die Seitennähte des Hosenbeins unter Einhaltung der Nahtzugabe zusammennähen. Nehmen Sie die vorhandenen Nähte wieder auf.

12 Schon haben Sie eine der Seitennähte der Hose geschlossen – das geht sehr schnell.

13 Komplettieren Sie diese Seite mit einer doppelten Steppnaht.

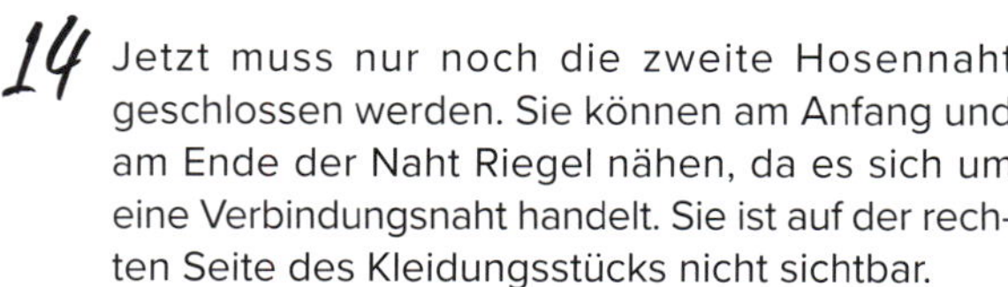

14 Jetzt muss nur noch die zweite Hosennaht geschlossen werden. Sie können am Anfang und am Ende der Naht Riegel nähen, da es sich um eine Verbindungsnaht handelt. Sie ist auf der rechten Seite des Kleidungsstücks nicht sichtbar.

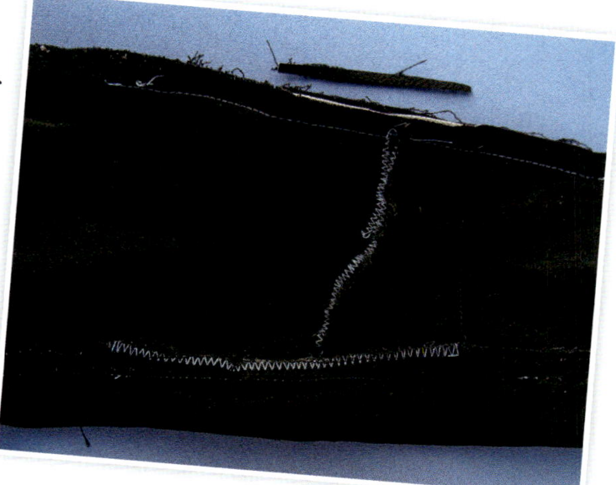

15 Schneiden den überschüssigen Stoff ab. Versäubern Sie die Stoffkanten, um ein Ausfransen zu vermeiden.

EINFACH

DAS T-SHIRT ALS UNIKAT: *eine Brusttasche aufsetzen*

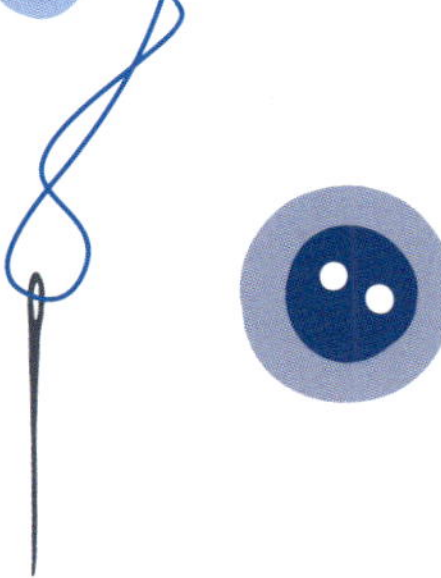

Möchten Sie Ihr Kleidungsstück individualisieren, indem Sie eine Brusttasche aufnähen? Diese Form sieht immer gut aus! Die Größe und die Position der Tasche können Sie frei wählen.

1 Um die Tasche aufsteppen zu können und einen perfekten Abschluss zu erzielen, muss mit zwei Stofflagen gearbeitet werden: Schneiden Sie die Tasche daher zweimal zu. Die Breite dieser Tasche beträgt 11 cm, die Höhe in der Mitte 10 cm. Rundum wurde eine Nahtzugabe von 1 cm angefügt.

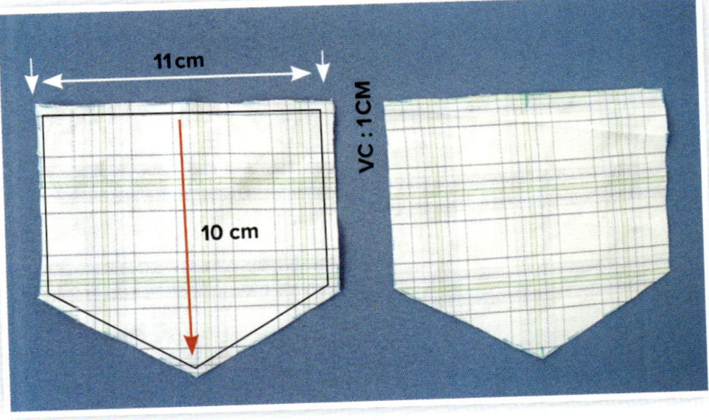

2 Legen Sie die beiden Stoffstücke rechts auf rechts. An der Oberseite soll eine Öffnung von 4 cm Länge bleiben. Zeichnen Sie den Nahtverlauf mit der Öffnung auf.

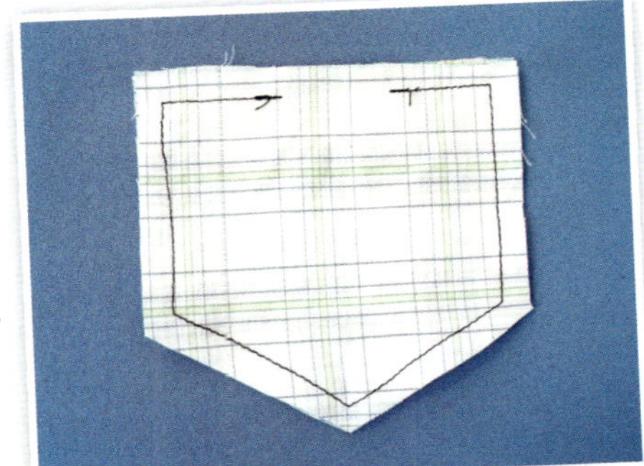

3 Nähen Sie jetzt die beiden Stofflagen aufeinander. Beginnen Sie an einer Seite der Öffnung mit einem Riegel, und enden Sie auf der anderen Seite wiederum mit einem Riegel. An den Ecken, an denen Sie die Richtung der Naht ändern müssen, stechen Sie die Nadel ein und heben Sie den Nähfuß an. Drehen Sie dann den Stoff in die richtige Richtung, und setzen Sie den Nähfuß wieder auf.

4 Schneiden Sie alle Ecken der Tasche wie gezeigt ab.

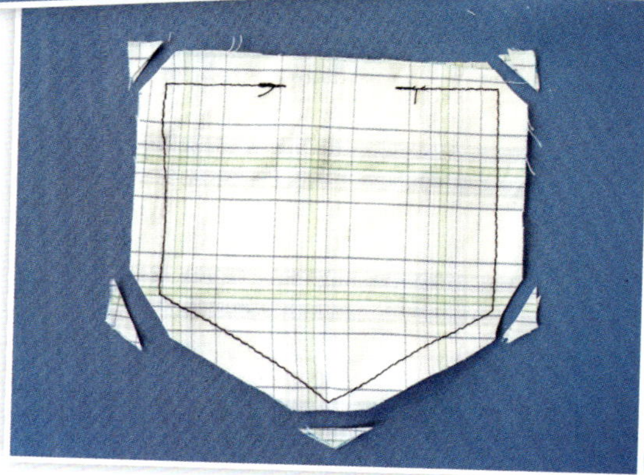

5 Wenden Sie die Tasche auf die rechte Seite. Arbeiten Sie die Ecken mithilfe eines Holzstäbchens heraus.

6 Steppen Sie mit der Maschine die Oberseite der Tasche 1 mm vom Rand entfernt ab, um die Öffnung zu schließen.

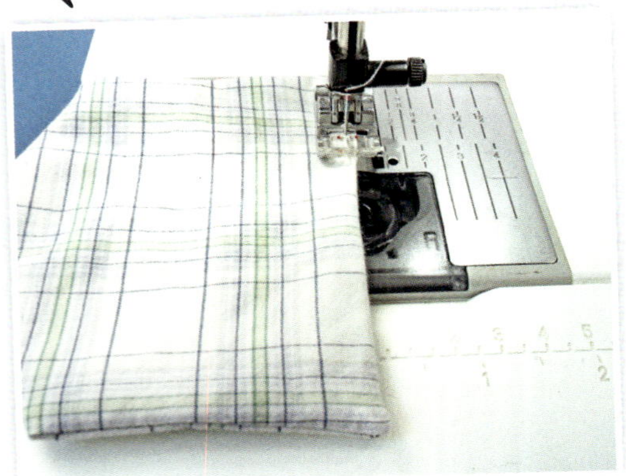

7 Stecken Sie die Tasche auf der Vorderseite des Kleidungsstücks fest.

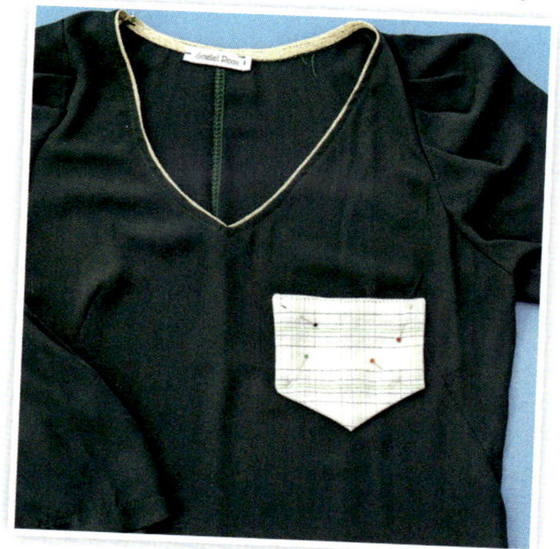

8 Beginnen Sie mit einem Riegel. Steppen Sie die Tasche jetzt am Kleidungsstück fest.

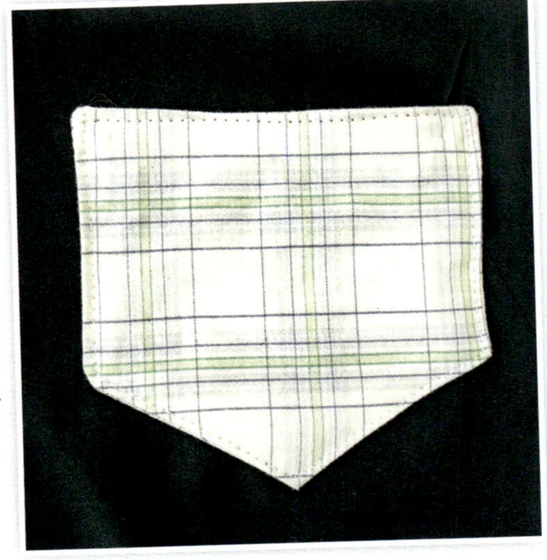

9 Durch die eingeschlagenen Nahtzugaben sieht das Ergebnis perfekt aus.

EINFACH

EIN KLEIDUNGSSTÜCK PASSEND MACHEN MIT DER *Smok-Technik*

Wenn Sie ein Kleidungsstück, das unten sehr weit ist, passend machen möchten, wenden Sie die Smok-Technik an. Sie ist für dünne Stoffe besonders gut geeignet.

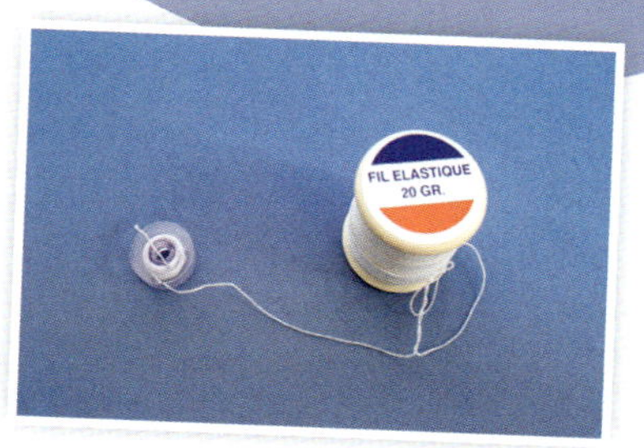

1 Nähen Sie mit einem elastischen Faden, der speziell für Nähmaschinen gedacht ist. Hier wird er als Ober- und Unterfaden verwendet. Bereiten Sie die Spule vor: Führen Sie das Fadenende durch das kleine Loch in der Spule. Dann wickeln Sie den Faden mit der Hand gegen den Uhrzeigersinn auf. Je mehr Sie dabei daran ziehen, desto stärker wird Ihre Naht gekräuselt.

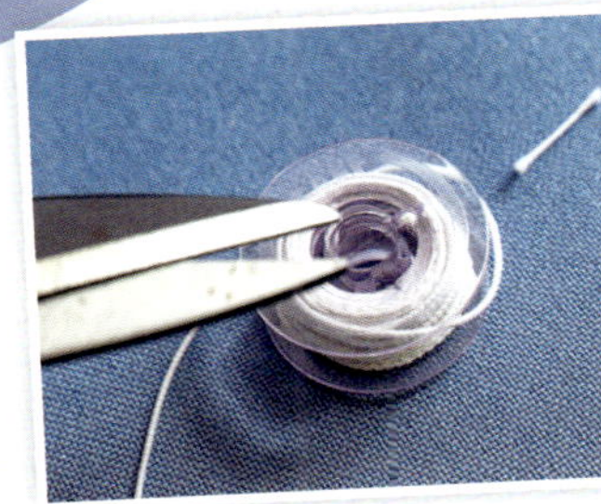

2 Schneiden Sie das überstehende Fadenende knapp über dem Loch der Spule ab. Verstellen Sie keinesfalls die Schraube an der Spule, mit der die Unterfadenspannung eingestellt wird. Machen Sie eine Testnaht auf einem Stoffrest.

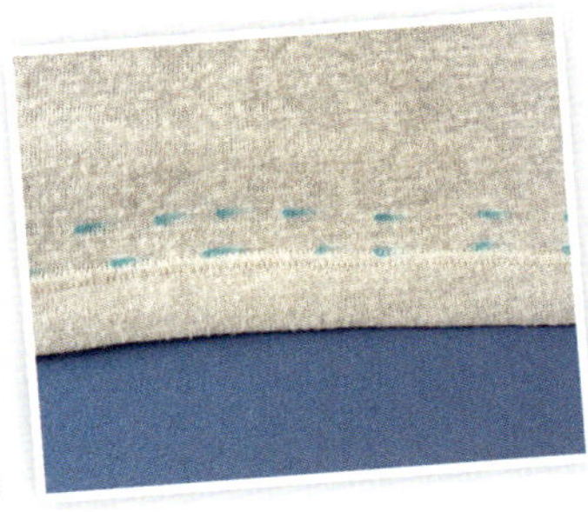

3 Zeichnen Sie 2 cm vom unteren Rand des Kleidungsstücks entfernt zwei Linien im Abstand von 1 cm.

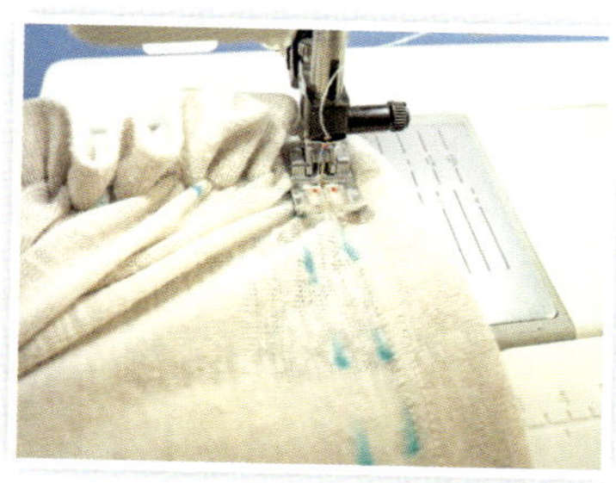

4 Stellen Sie die Stichlänge auf 3 Stiche pro Zentimeter ein. Nähen Sie auf der ersten Linie, und setzen Sie keine Riegel. Stoppen Sie kurz vor dem Ende der Naht. Heben Sie die Nadel an, ziehen Sie das Kleidungsstück vorsichtig nach hinten unter dem Nähfuß heraus. Durch vorsichtiges Ziehen am Gummiband können Sie die Länge regulieren.

5 Beim Nähen auf der zweiten Linie müssen Sie den Stoff von Hand spannen, da er durch die erste Naht bereits gekräuselt ist. Verfahren Sie ansonsten genau wie bei der ersten Naht.

6 Verteilen Sie die Raffungen gleichmäßig, und regulieren Sie die Länge der Naht, indem Sie etwas am elastischen Faden ziehen. Gehen Sie dabei vorsichtig vor. Wenn Sie mit dem Ergebnis zufrieden sind, verknoten Sie die Enden der Fäden.

Tipp: Auf dieselbe Art und Weise lassen sich zum Beispiel Ärmel neu gestalten. Sie können sie mit einer Smoknaht einfassen. Wenn Sie einen Stoffstreifen einsetzen und anschließend smoken, können Sie Ärmel sogar weiter machen.

EINEN SPITZENKRAGEN *perfekt applizieren*

EINFACH

Sie finden Ihr Shirt mit seinem runden Ausschnitt langweilig? Geben Sie ihm mit einem Kragen aus Spitze einen neuen Look.

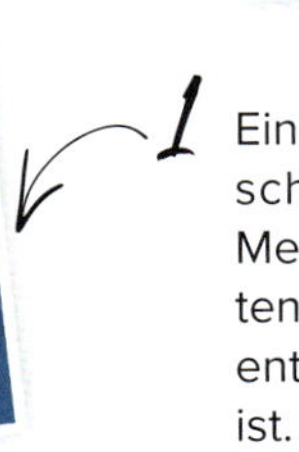

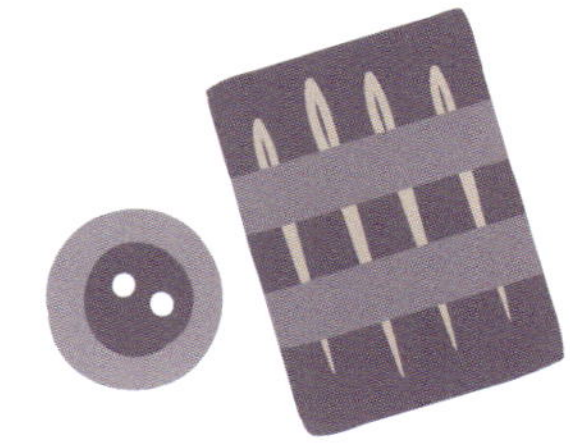

1 Einen Kragen aus Spitze herzustellen ist einfach, schnell und kostengünstig. Spitze gibt es als Meterware in verschiedenen Breiten und Qualitäten. Für einen Kragen sollten Sie sich für ein Band entscheiden, das nicht besonders stark elastisch ist. Es sollte mindestens 10 cm breit sein.

2 Wenn Ihre Spitze etwas dehnbar ist, fransen die Ränder kaum aus, sodass Sie einen einfachen Saum mit 5 mm Umschlag nähen können. Verwenden Sie ein wasserlösliches Vliesband als Trägermaterial und Polyester- sowie Bauschgarn. Nähen Sie mit 3 Stichen pro Zentimeter, und vergessen Sie nicht die Riegel am Anfang und Ende der Naht.

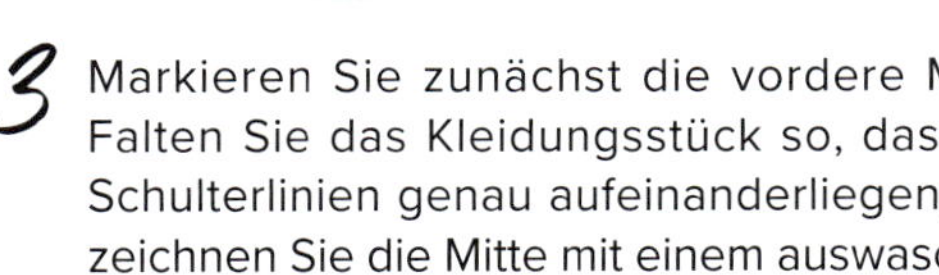

3 Markieren Sie zunächst die vordere Mitte. Falten Sie das Kleidungsstück so, dass die Schulterlinien genau aufeinanderliegen, und zeichnen Sie die Mitte mit einem auswaschbaren Markierstift an.

4 Jetzt messen Sie das Spitzenband ab. Dazu legen Sie es um den Halsausschnitt, ohne daran zu ziehen. Wenn Sie die richtige Länge ermittelt haben, geben Sie 3 cm Band zu und schneiden es ab.

5 Um das Spitzenband mit dem Halsausschnitt zu verbinden, brauchen Sie eine gerade Kante. Schneiden Sie dazu alles Überstehende ab.

6 Legen Sie die rechte Seite des Spitzenbands auf die linke Seite des Halsausschnitts. Das Ende des Spitzenbands liegt dabei an der Mittelmarkierung an. Stecken Sie den Anfang des Bands wie gezeigt mit Stecknadeln am Halsausschnitt fest.

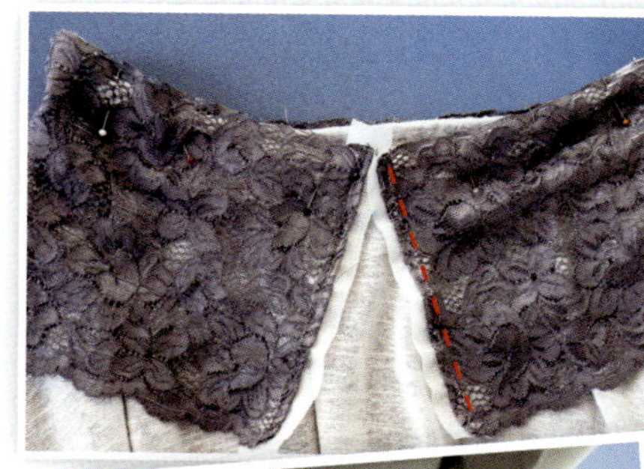

7 Überprüfen Sie das Ergebnis auf der rechten Seite des Kleidungsstücks.

8 Stecken Sie den Kragen weiter fest, diesmal entlang der kurzen Kragenkante. Fixieren Sie den Kragen nun rund um den Halsausschnitt. Übertragen Sie die Markierung auf Ihr Spitzenband, und schneiden Sie 5 mm davon entfernt ab.

9 Bilden Sie einen 5 mm breiten Umschlag zur linken Seite und nähen Sie 3 mm von der Kante des Bandes entfernt, ohne auf dem Kleidungsstück zu nähen. Damit sich die Spitze nicht verzieht, nähen Sie wasserlösliches Vliesband mit.

10 Steppen Sie 1 cm vom Rand entfernt entlang dem gesamten Halsausschnitt. Für ein edles Resultat verwenden Sie Garn in der Farbe der Spitze.

EINEN SPITZENKRAGEN PERFEKT APPLIZIEREN (FORTSETZUNG)

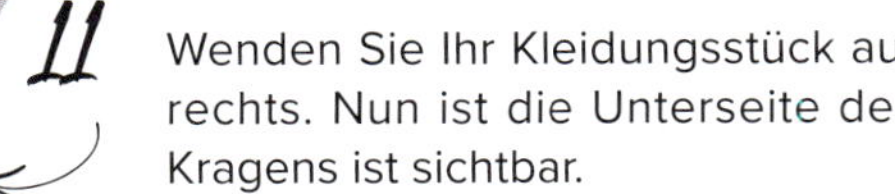

11 Wenden Sie Ihr Kleidungsstück auf rechts. Nun ist die Unterseite des Kragens ist sichtbar.

12 Zeichnen Sie mithilfe eines Lineals die Fortsetzung der Mittellinie des Rückenteils auf das Spitzenband.

13 Damit der Kragen perfekt am Halsausschnitt anliegt, müssen Sie das Spitzenband hinten in der Mitte aufschneiden. Der Schnitt sollte 1 cm vor dem Halsausschnitt enden.

14 Falten Sie beide Kanten 5 mm zur linken Seite, und verwenden Sie auch für diese beiden kurzen Säume wasserlösliches Vliesband.

15 Entfernen Sie nach dem Nähen vorne und hinten das wasserlösliche Vliesband mit lauwarmem Wasser. Das geht schnell, ist aber eine etwas klebrige Angelegenheit. Wenn Sie es eilig haben, föhnen Sie die Spitze trocken. Eventuell noch vorhandene Rückstände verschwinden bei der ersten Wäsche.

16 Auf der rechten Seite erhalten Sie einen Kragen, der sich perfekt legen lässt.

Dies ist die einfachste Methode, um einen Kragen in weniger als 30 Minuten herzustellen.

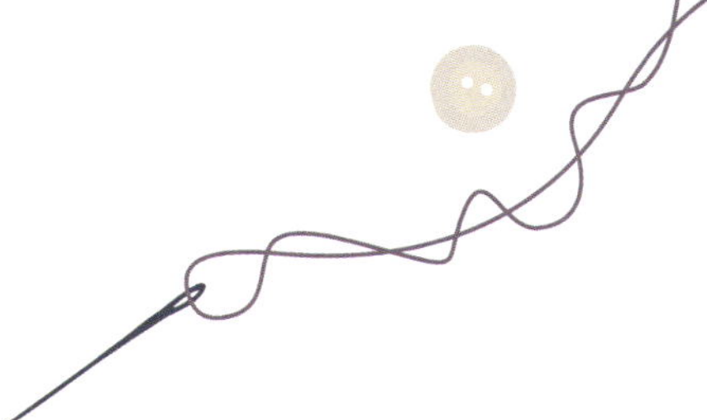

DANK

Ich möchte allen danken, die mich unterstützt haben, ganz besonders meinen engen Freundinnen und Freunden sowie meiner Familie einschließlich meiner Eltern und meines Partners.

Ein herzliches Dankeschön geht an Emilie Bernamont für ihre Unterstützung während der Entstehung dieses Buches. Ich danke dem gesamten Team, das an diesem mitgearbeitet hat, insbesondere Isabelle Misery und meiner Lektorin Marion Pellé.

Ich danke allen, die mir seit meinen Anfängen folgen und mich ermutigen. Sie alle haben dazu beigetragen, dass ich dieses Projekt verwirklichen konnte. Und ich bin unglaublich stolz darauf! Ich hoffe auch, Ihnen in der Zukunft ein weiteres Buch vorlegen zu können – wieder mit Schnittmustern und Anleitungen in bebilderten Schritten.

Ohne die Arbeit meiner lieben Freundin Jessica Phung wäre dieses Projekt nicht möglich gewesen.

Das Buch hat uns noch näher zusammengebracht und uns ermöglicht, neue Materialien und Techniken zu entdecken. Es ist unser Beitrag zu fairem Konsum. Sie finden uns auf FairForUs.com, wo Ihnen Nähboxen mit einem von mir angefertigten Tutorial angeboten werden. Sichern Sie sich eine dieser wunderbaren Boxen, von denen es nur eine begrenzte Anzahl gibt!

Lassen Sie uns dieses Buch weiter mit Leben erfüllen, teilen Sie unsere gemeinsame Leidenschaft auf meinen Netzwerken mit dem Hashtag #AtelierAlaska und in meiner Gruppe!

f https://www.facebook.com/groups/aterliercouture/

BLOG : http://atelier.alaska-dream.com/

YOUTUBE : http://www.youtube.com/c/AtelierAlaskaDIYCouture/

Abkürzungen

NZ: Nahtzugabe

FL: Fadenlauf

L: Länge

ISBN 978-3-8094-4741-2

1. Auflage

Die Originalausgabe erschien auf Französisch unter dem Titel *1001 Astuces de couture*

Fotos: Atelier Alaska

Umsetzung: Atelier Alaska und Jessica Phung

Projektleitung dieser Ausgabe: Sibylle Lehmann

Umschlaggestaltung: Atelier Versen, Bad Aibling

Übersetzung: SAW Communications, Daria Schmitt

Redaktion und Producing: SAW Communications, Redaktionsbüro Dr. Sabine A. Werner, Klein-Winternheim
Satz: SAW Communications in Zusammenarbeit mit Anke Enders

Herstellung: Franziska Polenz

Penguin Random House Verlagsgruppe FSC® N001967

Druck und Bindung: Alföldi Nyomda Zrt., Debrecen

Printed in Hungary